BIRTE LORENZEN-HERRMANN · BORIS HERRMANN

MY OCEAN CHALLENGE

KURS AUF KLIMASCHUTZ

WAS UNSERE OZEANE JETZT BRAUCHEN

UND WAS DU DAZU BEITRAGEN KANNST

MIT BILDERN VON LARA PAULUSSEN

cbj

INHALTSVERZEICHNIS

I. ABENTEUER SEGELN

Herzlich willkommen an Bord 10
Einmal um die Welt 12
Das Rennboot Malizia-Seaexplorer 14
Leben an Bord 16
Herausforderungen auf See 18
Lebe deinen Traum! 20
Tierische Begleiter 22
Plastik im Ozean 24

II. OZEAN ERFORSCHEN UND KLIMAWANDEL VERSTEHEN

Forscherfreunde 28
Forschungsgeräte 30
Ozeandaten sammeln 32
Ozean und Klimawandel 34
Die Erde hat Fieber 36
Der Treibhaus-Effekt 38
Wobei entsteht CO_2? Wohin verteilt sich CO_2? 40
Klimadetektive 42
Albedo-Effekt und Permafrost 44
Ozeanversauerung 46
Meeresbewohner in Gefahr 48
Ausbeutung der Ozeane 50
Zu viel Fisch auf dem Tisch 52
Es ist fünf vor zwölf! 54
Die Folgen des Klimawandels 56
Vereinigt euch hinter der Wissenschaft! 58

III. NEUE LÖSUNGEN

Klar zur Klimawende! 62
Einsatz für den Klimaschutz 64
Was du für den Klimaschutz tun kannst 66
Was du beim Einkaufen tun kannst 68
Geheimwaffen gegen die Klimakrise 70
Ein Klima-Schwergewicht 72
Korallenriffe retten 74
Leere Meere? Nein danke 76
Ufos unter Wasser? 78
Klar zur Energiewende! 80
Mit der Kraft des Windes 82
Berufe fürs Klima 84
Gemeinsam stark 86

Herzlich willkommen an Bord!

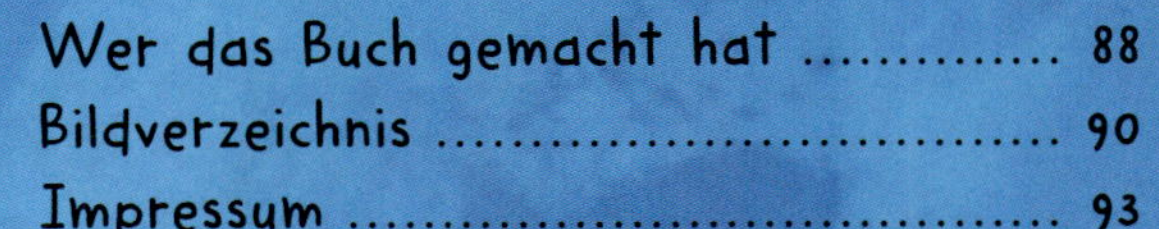

Wer das Buch gemacht hat 88
Bildverzeichnis 90
Impressum 93

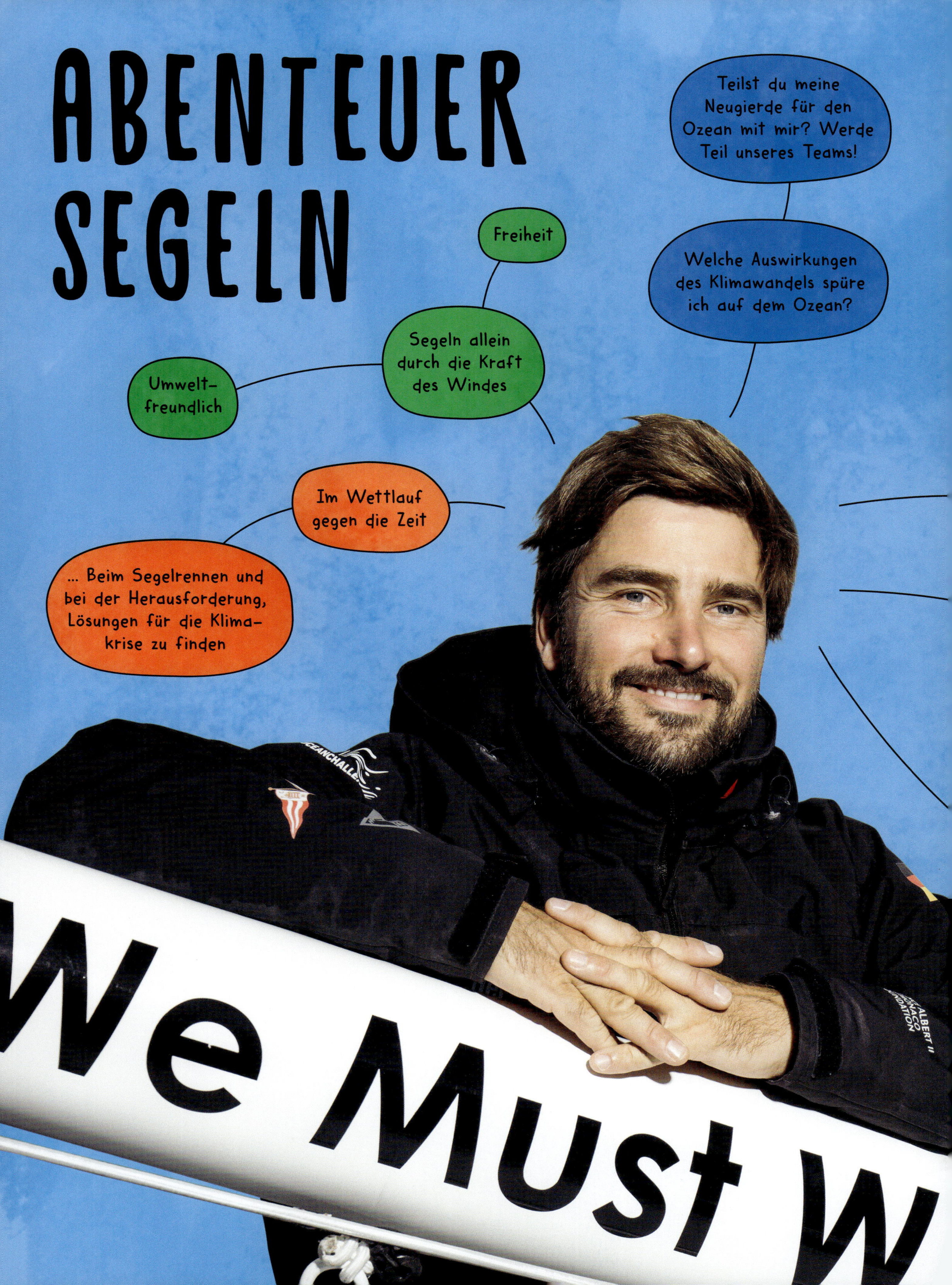
ABENTEUER SEGELN
Teilst du meine Neugierde für den Ozean mit mir? Werde Teil unseres Teams!
Freiheit
Welche Auswirkungen des Klimawandels spüre ich auf dem Ozean?
Segeln allein durch die Kraft des Windes
Umwelt-freundlich
Im Wettlauf gegen die Zeit
... Beim Segelrennen und bei der Herausforderung, Lösungen für die Klima-krise zu finden
We Must W

Wie ist das Leben an Bord?
Hohe Wellen
Eisberge
Sengende Sonne
Welchen Heraus-forderungen stelle ich mich?
Sturm
Vendée-Globe-Rennen: einmal um die Welt, alleine, nonstop, ohne Hilfe, fast 3 Monate lang
Was nehme ich mit?
Proviantpakete für circa 3 Monate: Astronautennahrung
Leicht, wiederverwertbar, zu reparieren?
Das Rennboot
Extrem schnell: bis zu 60 km/h
Kann mit seinen Tragflügeln fast „fliegen"
Albatros
Wal
Tiere im Ozean
Hai
Delfin

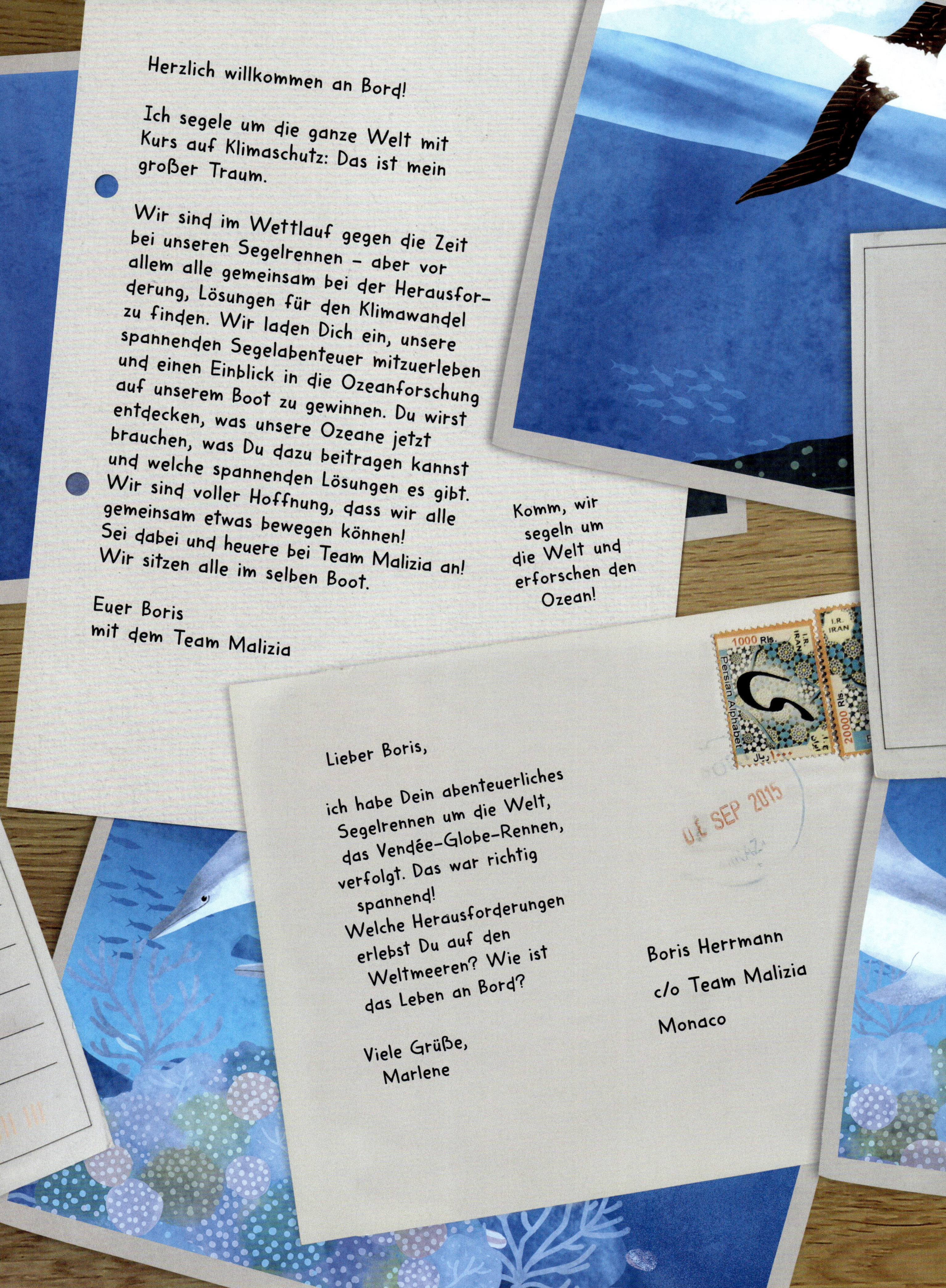

Herzlich willkommen an Bord!

Ich segele um die ganze Welt mit Kurs auf Klimaschutz: Das ist mein großer Traum.

Wir sind im Wettlauf gegen die Zeit bei unseren Segelrennen – aber vor allem alle gemeinsam bei der Herausforderung, Lösungen für den Klimawandel zu finden. Wir laden Dich ein, unsere spannenden Segelabenteuer mitzuerleben und einen Einblick in die Ozeanforschung auf unserem Boot zu gewinnen. Du wirst entdecken, was unsere Ozeane jetzt brauchen, was Du dazu beitragen kannst und welche spannenden Lösungen es gibt. Wir sind voller Hoffnung, dass wir alle gemeinsam etwas bewegen können! Sei dabei und heuere bei Team Malizia an! Wir sitzen alle im selben Boot.

Euer Boris
mit dem Team Malizia

Komm, wir segeln um die Welt und erforschen den Ozean!

Lieber Boris,

ich habe Dein abenteuerliches Segelrennen um die Welt, das Vendée-Globe-Rennen, verfolgt. Das war richtig spannend!
Welche Herausforderungen erlebst Du auf den Weltmeeren? Wie ist das Leben an Bord?

Viele Grüße,
Marlene

Boris Herrmann
c/o Team Malizia
Monaco

Lieber Boris!
Warst Du schon einmal tauchen?
Weißt Du mehr über Korallenriffe
und wie man sie schützen kann?
Ich habe bei einem Tauchgang am
Great Barrier
STA. CRUZ TENERIFE CTP -38-
Foto: Andy
Boris Herrma
Weltumsegler
Hamburg
G 145
SULTANATE OF OMAN
BAISA 50
AL-KHANJAR A'SURI
BAISA 100
C.P.O 7 111
Post
Lieber Boris,
warum messt Ihr
auf Eurem Segelboot
Ozeandaten?
Warum spielt der
Ozean so eine große
Rolle bei
der Klimakrise?
Liebe Grüße,
Lukas
Boris Herrmann
Weltumsegler
Hamburg
Lieber Boris,
was kann ich tun,
um dem Ozean zu helfen?
Welche Lösungen gibt es
für den Klimawandel?
Ich bin gespannt.
Antonia
schrijven zegt meer
Internationaal
PRIORITY
Boris Herrmann
Abenteurer

EINMAL UM DIE WELT

Boris nimmt an großen Segelrennen teil. Oft wird dabei die ganze Welt umrundet, wie zum Beispiel bei der Vendée Globe oder bei The Ocean Race.

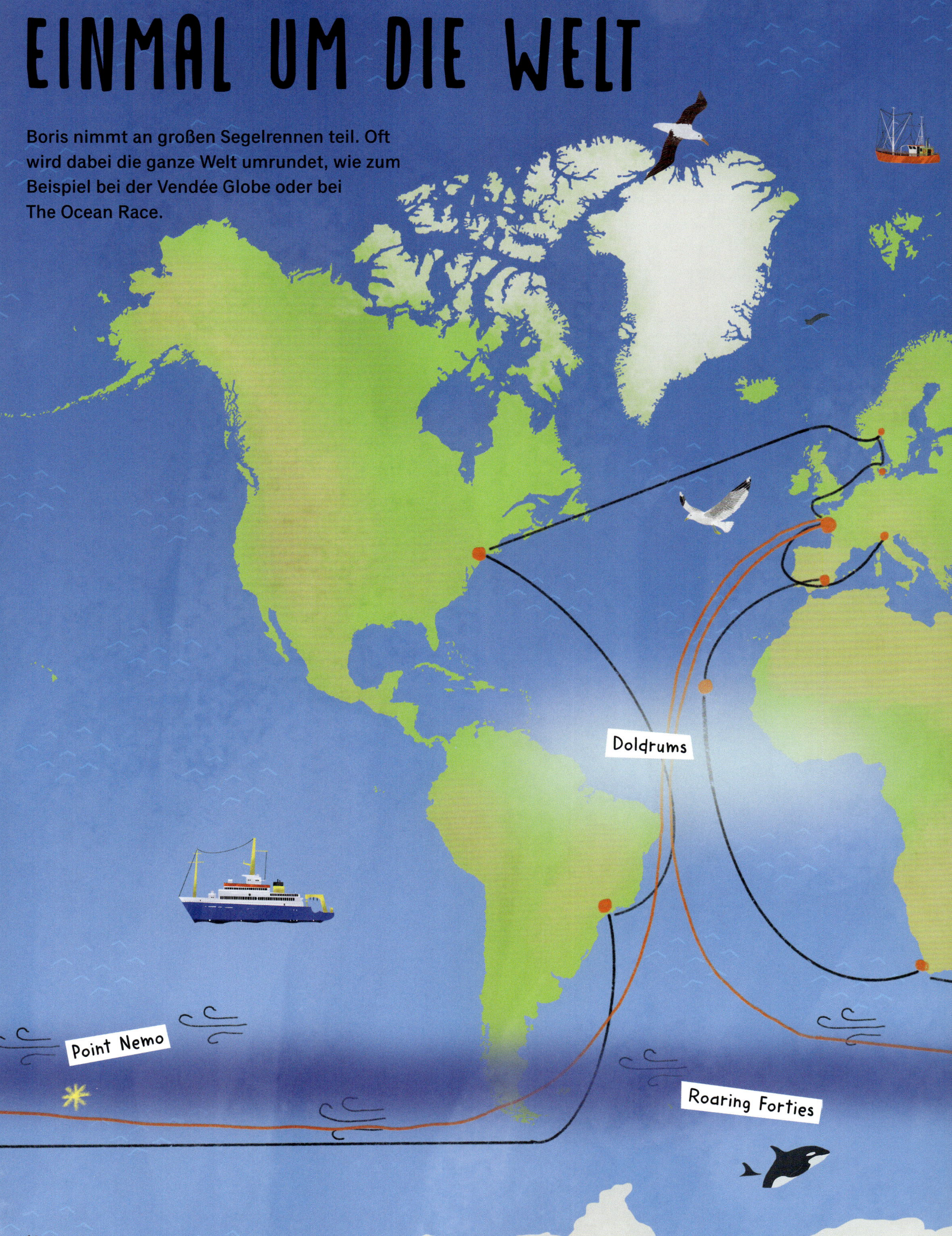

Point Nemo
Der isolierteste Punkt der Erde und noch weiter vom Land entfernt als die Raumstation ISS, die in 408 Kilometer Höhe um die Erde kreist. Er wurde nach Kapitän Nemo aus Jules Vernes' Buch „20.000 Meilen unter dem Meer“ benannt.
Roaring Forties
Zwischen 40° und 50° südlicher Breite ist der Wind oft sehr stark. Hier wird's ungemütlich!
Doldrums
Ein für Segler besonders herausforderndes Gebiet. Es ist bekannt für sehr leichte Winde, unerwartete Böen, Gewitter, Flaute und drehende Winde.
The Ocean Race (mit Zwischenstopps um die Welt)
Vendée Globe (nonstop einmal um die Welt)

DAS RENNBOOT MALIZIA-SEAEXPLORER

Die Malizia-Seaexplorer ist ein extrem schnelles Rennboot. Mit seinen roten Tragflügeln (Foils) kann es fast fliegen. Sie wirken wie Tragflächen im Wasser und heben das Boot bei hoher Geschwindigkeit an. Damit es möglichst leicht, aber trotzdem stabil ist, baut man das Boot aus dem Werkstoff Carbon. Die Malizia-Seaexplorer gehört zur Bootsklasse Imoca 60 (International Monohull Open Class Association, 60 Fuß lang). Mit diesem Bootstyp umrunden die Segler bei der Vendée-Globe-Regatta die Welt. Viele Designer und Ingenieure haben getüftelt, um so ein schnelles Boot zu entwerfen. Insgesamt wurden 42.000 Stunden an dem Boot gearbeitet.

NAME

Malizia-Seaexplorer

LÄNGE

60 Fuß (18,3 m) –
circa 5 Autos

GEWICHT

8.000 kg –
8 große weiße Haie

MASTHÖHE

27 m –
6 Doppeldeckerbusse

GRÖSSTES SEGEL

400 m² – etwa so groß wie
ein Basketballfeld

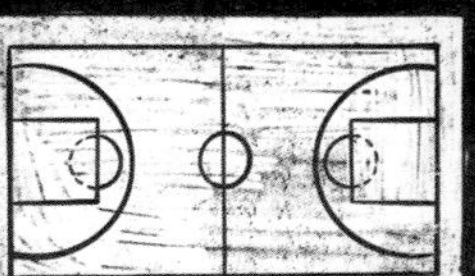

HÖCHSTGESCHWINDIGKEIT

35 Knoten (65 km/h) –
etwa so schnell wie ein Leopard

KIELGEWICHT

3.000 kg –
etwa 2 Nashörner

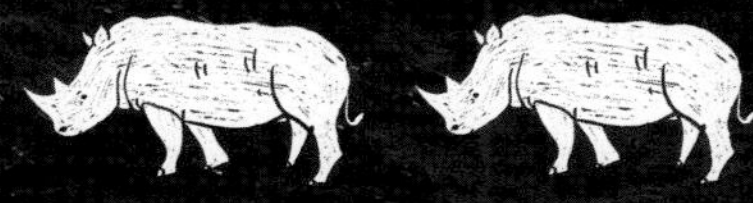

LEBEN AN BORD

Das Leben an Bord der Malizia-Seaexplorer ähnelt dem Leben auf einem Raumschiff. Auch die Vorbereitung auf die großen Segelwettkämpfe gleicht der Vorbereitung von Raumfahrt-Missionen.

WISSENSCHAFT

Auf der Malizia-Seaexplorer ist ein Labor installiert, um Ozeandaten wie CO_2 zu messen und so mehr über den Klimawandel zu erfahren.

ARBEIT AM COMPUTER

Boris kann in seinem kleinen „Büro" über Satellitentelefon telefonieren, E-Mails verschicken, Wetterdaten empfangen und navigieren.

KONTAKT MIT DER AUSSENWELT

Alle Informationen, Daten und Bilder vom Boot werden über Satellit verschickt. Boris berichtet live, welche Abenteuer er auf der Malizia-Seaexplorer erlebt und welche Auswirkungen des Klimawandels er beobachtet.

NAHRUNG

Für eine so lange Fahrt muss die Verpflegung gut geplant sein. Die Essenspakete werden für jeden Tag genau eingeteilt. Es gibt „Astronautennahrung“, also gefriergetrocknete, pulverisierte Nahrung. Um sie zu essen, übergießt Boris das Pulver mit Wasser. Süßwasser wird unterwegs aus Salzwasser gewonnen. Das spart Gewicht.

SCHLAFEN IN EINER ROHRKOJE

Boris' Bett kann mit einem Seilzug dichter an die Bordwand gezogen werden, damit er nicht hinausfällt. Wenn Boris alleine segelt, schläft er höchstens 60 Minuten am Stück, weil er jede Stunde Ausschau halten und kontrollieren muss, ob die Segel richtig eingestellt sind. In der Zwischenzeit sorgt ein Computer („Autopilot“) dafür, dass das Boot in die richtige Richtung segelt.

KLEIDUNG

Ob für die Antarktis oder die Tropen, Segler brauchen für extreme Wetterbedingungen Spezialkleidung, die vor Wärme, Kälte oder Nässe schützt. Wenn Boris seinen wasserdichten, unsinkbaren Überlebensanzug trägt, sieht er aus wie ein Astronaut.

EXPERTENWISSEN
WARUM SCHWIMMT EIN BOOT?

Probiere es selbst aus! Dafür brauchst du eine Schüssel voll Wasser und Knetmasse. Forme eine große, flache, leicht gebogene Schale und setze sie in das Wasser: Deine Schale schwimmt!

Der griechische Mathematiker Archimedes wusste schon 300 Jahre vor unserer Zeitrechnung, warum: Das Gewicht der Schale ist geringer als das Gewicht des Wassers, welches sie mit ihrer Form verdrängt. Darum geht sie nicht unter.

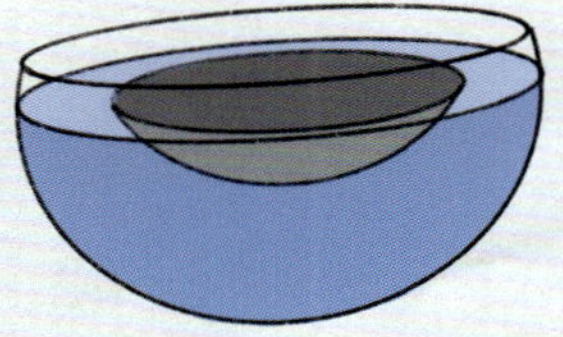

HERAUSFORDERUNGEN AUF SEE

Hochseesegeln bringt eine Menge Herausforderungen mit sich. Segeln auf dem offenen Meer bedeutet, sich den Naturgewalten zu stellen. Dafür muss man eine Menge Mut und Durchhaltevermögen mitbringen.

STURM

Der Wind kann mit bis zu 50 Knoten, also fast 100 km/h, wehen und das Meer zu riesigen Wellen auftürmen. Dann wird es schwer für die Segler und manchmal auch gefährlich.

KÄLTE

Auch Kälte kann zur Herausforderung werden! Stell dir vor, in den ganz kalten Regionen ohne Heizung auf dem Boot unterwegs zu sein. Brrrr... Aber zum Glück gibt es spezielle Funktionskleidung, die gut vor der Kälte schützt.

EISBERGE

Während der Vendée Globe ist Boris auch entlang der Eisgrenze gesegelt. Segler müssen dort extrem aufpassen, nicht gegen Eisberge oder unter Wasser schwimmende Eisbrocken zu segeln. Satellitenbilder, ein Radar und ein gutes Auge helfen, einen Zusammenstoß zu vermeiden.

SONNE

Die Sonne kann gerade in den Tropen sehr stark sein und zu Sonnenbrand führen. Die Segler müssen sich gut durch Kleidung schützen und schwitzen oft enorm.

RIESIGE WELLEN

Wellen, denen Segler während der Vendée Globe begegnen, können durchaus 12 Meter hoch sein, also so hoch wie ein vierstöckiges Haus.

PIRATEN

Piraten können eine Bedrohung für Segler sein. In der Vergangenheit wurden auch schon Segelrouten von Regatten umgelegt, um nicht durch das Piratengebiet zu segeln, oder Boote wurden mit Security-Service begleitet.

HILFE WEIT WEG

Gerade in den Südmeeren ist jede Hilfe durch andere Menschen extrem weit entfernt: Am Point Nemo ist man am weitesten vom Land weg (2.688 km).

LEBE DEINEN TRAUM!

VENDÉE-GLOBE-REGATTA

- Start: 2024
- Findet seit 1989 alle 4 Jahre statt
- Nonstop (ohne anzuhalten) um die Welt
- Start und Ziel in Frankreich
- Ganz alleine. Nur ein*e Segler*in an Bord
- Keine Hilfe von außen
- Dauer: circa 3 Monate (Rekord: 74 Tage)
- Boris hat 2020/2021 die Vendée Globe in 80 Tagen absolviert

MEIN TRAUM VOM RENNEN UM DIE WELT

Hast Du einen Traum? Möchtest Du einmal etwas Besonderes erreichen? Ich habe seit meiner Kindheit den Traum gehabt, an einer ganz besonderen Regatta (Segelrennen) teilzunehmen, an der Vendée Globe. Dieses Rennen geht einmal um die ganze Welt, Tag und Nacht, ohne anzuhalten. Man ist ganz alleine auf dem Boot und die Regeln verbieten jede Hilfe von außen. Wir Segler nennen diese besonders harte Herausforderung den Everest der Meere.

Mehr als 10.000 Menschen haben den Mount Everest bestiegen. Über 500 Menschen sind schon einmal in das All geflogen. Aber weniger als 100 Menschen haben es geschafft, alleine nonstop die Welt zu umsegeln. Ich bin einer von ihnen und habe es in 80 Tagen geschafft.

Über zwanzig Jahre habe ich auf diesen Traum hingearbeitet. Zur Vorbereitung bin ich in verschiedenen Rennen mehrmals um die Welt gesegelt und halte mehrere Weltrekorde. Aber diese Herausforderung war eine ganz besondere. Und ich möchte mich ihr erneut stellen und an der nächsten Vendée-Globe-Regatta teilnehmen.

Es geht nicht allein ums Gewinnen. Wenn nicht alles glattläuft, lernt man für eine ähnliche Situation in der Zukunft. Beim Segeln muss ich meine Angst überwinden, bei starkem Wind einen kühlen Kopf bewahren und mit der Einsamkeit zurechtkommen. Ich war weiter weg vom Land als die Astronaut*innen von der Erde, wenn sie auf der Raumstation ISS sind. Aber in mir steckt eine große Abenteuerlust, und ich liebe es, auf dem Ozean zu sein und die Naturgewalten hautnah zu spüren. Das treibt mich an. Auch ist es mir wichtig, auf den Klimawandel aufmerksam zu machen und von all meinen Routen wichtige Ozeandaten mitzubringen, um der Wissenschaft zu helfen.

Woran glaubst Du? Was ist Dir wichtig? Und wo willst Du hin?

Als ich jünger war, konnten viele Erwachsene nicht verstehen, dass ich diesen Traum realisieren möchte. Es gab Hürden, Rückschläge und Enttäuschungen auf meinem Weg. Aber ich habe gelernt: Wenn ich etwas wirklich will, dann ist da ein Weg. Glaubt auch Ihr an Eure Träume und lasst Euch durch Erwachsene nicht davon abbringen. Es gibt kein größeres Risiko, als den eigenen Traum zu verpassen.

Euer Boris

THE OCEAN RACE

- Start: 2023
- Findet seit 1973 alle 4 Jahre statt
- In Etappen um die Welt
- Start in Alicante, Spanien
- Etappenstopps: Alicante, Kapverden, Kapstadt, Itajai, Newport, Aarhus, Kiel, Den Haag, Genua
- 5 Segler*innen segeln im Team
- Dauer: circa 6 Monate

TIERISCHE BEGLEITER

ALBATROS

DIE TREUE SEELE

Der größte Seevogel • Zuhause: Südhalbkugel • Fliegt oft in der Nähe der Malizia-Seaexplorer, um in deren Aufwind ohne Kraftaufwand mitzureisen • Flügelspannweite: bis zu 3,5 Meter (circa 3 Schultische) • Treue Liebende: nur ein Partner im Leben • Beherrscht dynamischen Segelflug, auch im Sturm, kann extrem lange Strecken fliegen • Guter Schwimmer (Schwimmhäute zwischen den Zehen)

DELFIN

DER INTELLIGENTE SPIELGEFÄHRTE

Begleitet gern die Malizia-Seaexplorer • Spielt mit den Wellen und dem Boot • Kein Fisch, sondern Säugetier • Großes Gehirn, sehr intelligent • Guter Gehör- und Geruchssinn • „Sieht" mit Ultraschall und kann aus 30 Meter Entfernung auch Kleines scharf erkennen • Kann Echo-Ortungssignale anderer Delfine mithören und weiß, was diese gerade sehen • Gibt laute Geräusche von sich, um die Jungen zu erziehen und Haie zu vertreiben • Wissenschaftler versuchen den Code einer möglichen Delfinsprache zu entschlüsseln, um mit ihnen kommunizieren zu können.

WAL

DER GIGANT DES MEERES

Manchmal taucht in der Nähe der Malizia-Seaexplorer eine riesige Schwanzflosse oder eine große Fontäne auf: Dann ist es ein Wal • Größter Wal ist der Blauwal: maximale Länge 33 Meter (etwa 8 Autos) • Statt Zähne hat er Barten: herabhängende Hornplatten zum Filtern von Plankton (kleine Krebse: Krill) und kleinen Fischen • Frisst eine Tonne pro Tag • Fontäne beim Ausatmen: maximal 10 Meter (etwa 2–3 Autos) • Mit der Luft eines einzigen Wal-Atemzuges könnte man 2.000 Luftballons aufblasen!

Krill: winzige Krebstiere, die oft in Schwärmen auftreten.

Plankton: Kleinste Lebewesen im Wasser, die sich mithilfe der Strömung fortbewegen. Es gibt pflanzliches Plankton und tierisches Plankton (dazu gehört der Krill).

HAI

DER VERBORGENE SCHATTEN

Haie zeigen sich der Malizia-Seaexplorer nur selten • Haie gibt es schon länger als Dinosaurier, über 100 Millionen Jahre • Eng verwandt mit dem Wal • 10–50 Menschen werden pro Jahr von Haien angegriffen • Rund 100 Millionen Haie werden jährlich von Menschen getötet • Viele Haiarten sind vom Aussterben bedroht • Der Walhai mit fast 14 Meter Länge hält den Größenrekord • Der schnellste Hai ist der Makohai (70 km/h) • Verliert ein Hai einen Zahn, wächst in nur wenigen Stunden ein neuer nach • Ein Tigerhai verbraucht in zehn Jahren 1.400 Zähne • Zappelt ein Fisch, können Haie das aus einer Entfernung von 650 Meter hören und sind in 20–40 Sekunden am Ort des Geschehens!

PLASTIK IM OZEAN

Plastikmüll gelangt hauptsächlich über Flüsse in den Ozean. Pflanzen, Tiere und wir selbst sind davon betroffen. Plastik kann von Tieren gefressen werden, die es mit ihrer Nahrung verwechseln. Verfangen sich Tiere im Plastikmüll, ersticken sie oftmals. Auch Korallen sterben, wenn sie von Plastik bedeckt werden. Doch leider gelangt pro Minute etwa eine Lastwagenladung Plastikmüll in unsere Ozeane und sinkt in Teilen bis an den Meeresgrund. Bis eine Plastikflasche im Ozean vollständig zerkleinert ist, dauert es fast 500 Jahre.

MIKROPLASTIK

Durch die Sonne und die Wellen zerbricht das Plastik in winzige Teilchen, die wir mit bloßem Auge nicht mehr sehen können. Dieses Mikroplastik wird von Fischen gefressen, die wiederum von vielen anderen Meerestieren gefressen werden. Die kleinsten Teilchen werden von Zooplankton gefressen – Kleintiere, die die Nahrung von Fischen und Walen sind. So gelangt das Mikroplastik in die Nahrungskette.

Wir Menschen produzieren Plastik, und es gelangt zurück auf unsere Teller: Wenn wir Meerestiere essen, die Mikroplastik aufgenommen haben, können wir gesundheitliche Probleme bekommen.

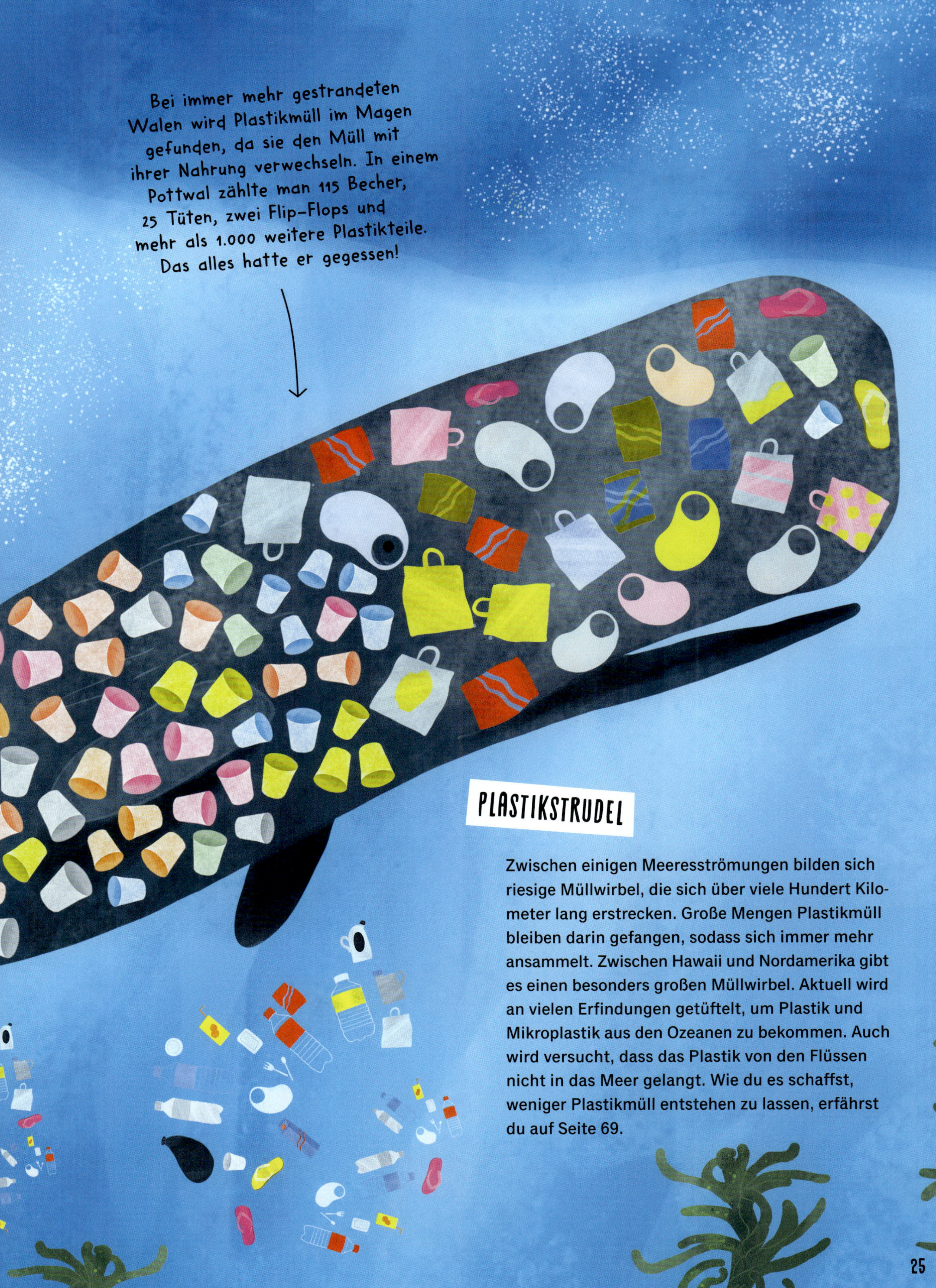

PLASTIKSTRUDEL

Zwischen einigen Meeresströmungen bilden sich riesige Müllwirbel, die sich über viele Hundert Kilometer lang erstrecken. Große Mengen Plastikmüll bleiben darin gefangen, sodass sich immer mehr ansammelt. Zwischen Hawaii und Nordamerika gibt es einen besonders großen Müllwirbel. Aktuell wird an vielen Erfindungen getüftelt, um Plastik und Mikroplastik aus den Ozeanen zu bekommen. Auch wird versucht, dass das Plastik von den Flüssen nicht in das Meer gelangt. Wie du es schaffst, weniger Plastikmüll entstehen zu lassen, erfährst du auf Seite 69.

OZEAN ERFORSCHEN UND KLIMA-WANDEL VERSTEHEN

Mit dem Boot komme ich in entlegene Gebiete.

Auf dem Meer Messgeräte aussetzen

Ozeandaten sammeln, die der Wissenschaft helfen

Treibhaus-Effekt

Menschen produzieren zu viel CO_2.

Erde hat Fieber.

Ozeane werden wärmer und saurer.

Wetterextreme nehmen zu.

Korallenbleiche

Meeresbewohner in Gefahr

Ozean gerät aus dem Gleichgewicht.

Dauerhaft gefrorene Böden tauen: Klimagase werden freigesetzt.

Eis schmilzt, Meeresspiegel steigt.

Gleichgewicht der Erde gerät ins Wanken.

Malizia-Seaexplorer als Forschungsschiff: Labor an Bord
Gemeinsam mit den Forschern im Team suchen wir Antworten auf unsere Fragen.
Vereinigt euch hinter der Wissenschaft!
Wie kann ich die Forschung unterstützen?
Fischarten sterben aus.
Ausbeutung der Ozeane
Welche Rolle spielt der Ozean beim Klimawandel?
Ozean hilft, die Erde zu kühlen, und nimmt Klimagase auf.
Klimaabkommen von Paris und IPCC-Bericht
Welche Auswirkungen hat der Klimawandel?
Ist der Klimawandel menschengemacht?
Eisbohrkerne geben Aufschluss.
seaexplorer
MUSTO
Boris
GORE-TEX OCEAN TECHNOLOGY
Malizia

FORSCHER-FREUNDE

Was passiert beim Klimawandel? Welche Rolle spielt der Ozean dabei? Antworten auf diese Fragen kann nur die Wissenschaft geben. Boris arbeitet eng mit Forschern des Malizia-Teams zusammen und sammelt auf seinen Fahrten Ozeandaten, die der Wissenschaft wertvolle Informationen liefern. Gemeinsam werden Antworten zu wichtigen Fragen des Klimawandels gesucht.

Ich bin Martin Kramp und arbeite bei einer Organisation der Vereinten Nationen als Koordinator für Schiffe, die uns beim Sammeln von Ozeandaten helfen: für die Wettervorhersage von morgen oder auch die langfristige Klimaentwicklung. Wir arbeiten mit Forschungs-, Fracht- oder Segelschiffen aus aller Welt zusammen, die Geräte an Bord installiert haben oder für uns eigenständig messende Geräte, wie Treibbojen, an wichtigen Stellen aussetzen. Viele verschiedene Daten zu bekommen, wie bei einem Puzzle vereint – das ist mein Ziel.

EXPERTENWISSEN

Meteorologe = Wetterfrosch
Ozeanograf = Ozeanforscher

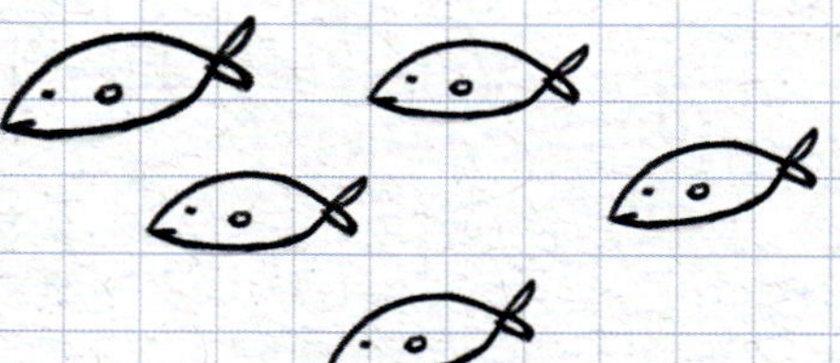

Ich bin Peter Landschützer und arbeite als Ozeanograf am Max-Planck-Institut für Meteorologie in Hamburg. Mein Fachgebiet ist Ozean-Biogeochemie: Ich werte Messdaten von Treibhausgasen aus, die vom Ozean aufgenommen werden. Ich möchte verstehen, wie sich der Ozean im Klimawandel verändert und wie sich diese Veränderung auf unsere Meeresbewohner auswirkt.

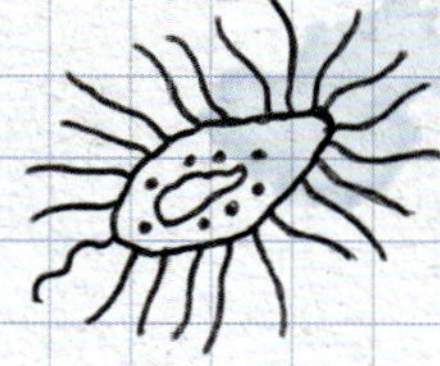

Ich bin Ralf Brauner, Meteorologe und Professor an der Jade Hochschule. Mich haben schon viel Expeditionen in die Arktis und Antarktis geführt Dort beschäftige ich mich mit Wetter- und Klimadaten und auch mit der Wettervorhersage. Ich forsche am Fachbereich Seefahrt und Logistik, wie man die Schifffahrt für die Zukunft umweltschonender im Einsatz machen kann. Mich interessiert, wie man etwa das Klimagas Kohlendioxid (CO_2) aus den Abgasen entfernen kann oder klimaneutrale Brennstoffe einsetzt.

WAS IST CO_2?

CO_2 (Kohlenstoffdioxid oder Kohlendioxid) ist ein unsichtbares und geruchloses Gas. Diese chemische Verbindung aus Kohlenstoff (C für Carbon) und Sauerstoff (O für Oxygen) ist ein wichtiger Bestandteil der Atmosphäre. Zu viel davon ist schädlich für das Klima.

Ich bin Dr. Toste Tanhua. Als Ozeanograf am Geomar Helmholtz-Zentrum für Ozeanforschung Kiel forsche ich zum Thema Ozean und Klimawandel. Ich konnte Profisegler wie Boris Herrmann überzeugen, bei ihren Rennen um die Welt wichtige Daten zu sammeln.

Team Malizia hat als Teil der IMOCA-Rennbootklasse eine Partnerschaft mit dem IOC-UNESCO. Das ist eine Organisation, in der 150 Mitgliedstaaten zusammenarbeiten, um die Ozeanforschung und -beobachtung zu verbessern.

FORSCHUNGSGERÄTE

Um den Klimawandel zu verstehen, muss der Ozean gut erforscht werden. Doch wie bekommen wir Live-Daten aus dem Meer? Neben Forschungsschiffen kommen verschiedene Geräte zum Einsatz, die zum Beispiel den Salzgehalt, den CO_2-Gehalt oder die Temperatur des Wassers messen können. Einige Geräte messen an der Wasseroberfläche. Andere Geräte wie der Gleiter, das Argo Float und verankerte Bojen messen auch entlang der Wassersäule (also von der Oberfläche bis zum Grund). Manche Messgeräte setzt Boris direkt auf dem Wasser aus, wie Drifter und Argo Float.

DRIFTER

treibt an der an der Meeresoberfläche und misst dort.

SEGELNDES FORSCHUNGSBOOT

Die Malizia-Seaexplorer misst mit einem mobilen Labor an Bord Ozeandaten wie CO_2. Dazu wird dauerhaft Wasser in das Boot gepumpt und analysiert.

GLEITER

ist ein fernsteuerbares „Unterwasser-Segelflugzeug". Es kann tauchen und sich kontrolliert fortbewegen. Im Zickzackkurs wird im Ozean gemessen. Daten werden über Satellit verschickt.

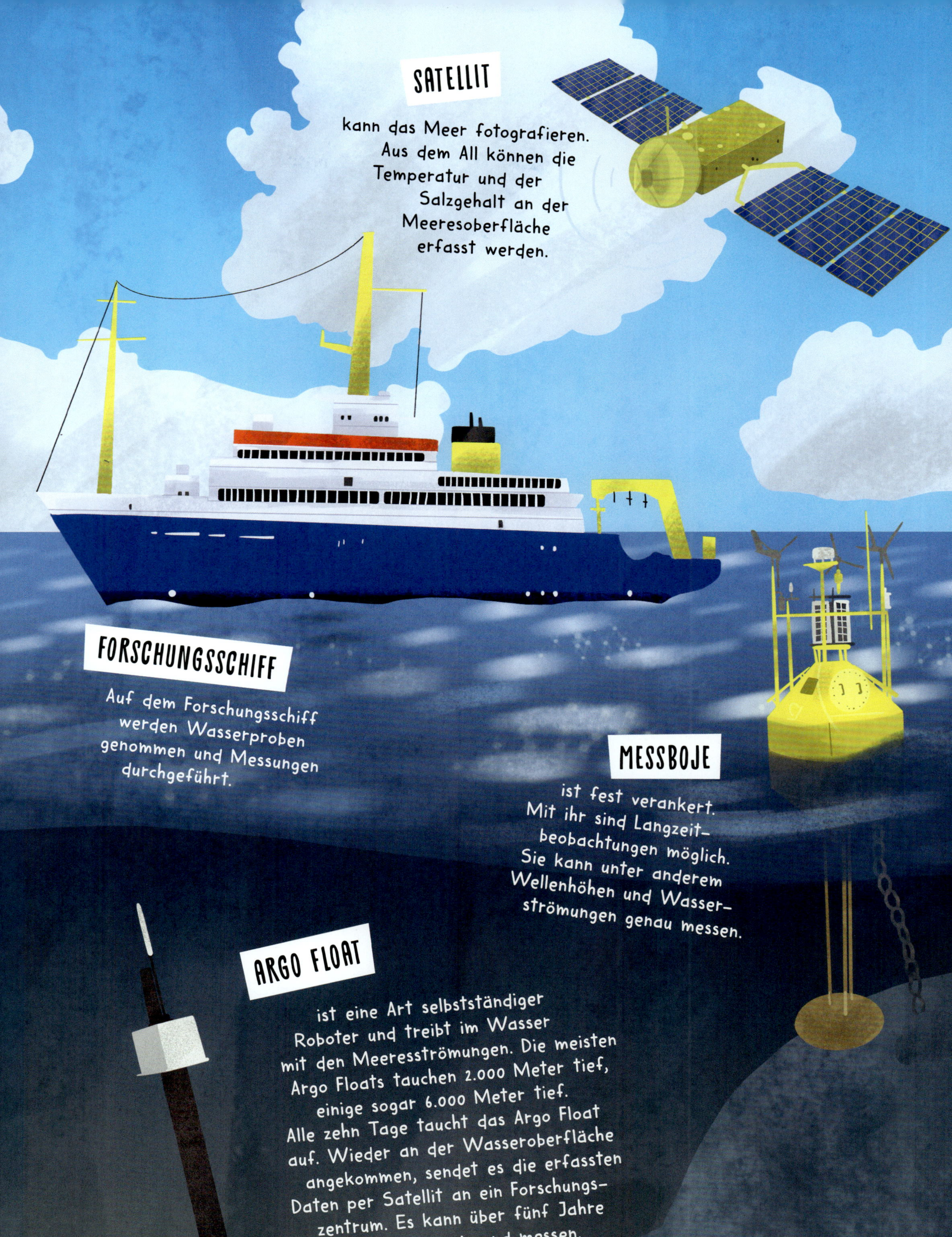
SATELLIT
kann das Meer fotografieren. Aus dem All können die Temperatur und der Salzgehalt an der Meeresoberfläche erfasst werden.
FORSCHUNGSSCHIFF
Auf dem Forschungsschiff werden Wasserproben genommen und Messungen durchgeführt.
MESSBOJE
ist fest verankert. Mit ihr sind Langzeit-beobachtungen möglich. Sie kann unter anderem Wellenhöhen und Wasser-strömungen genau messen.
ARGO FLOAT
ist eine Art selbstständiger Roboter und treibt im Wasser mit den Meeresströmungen. Die meisten Argo Floats tauchen 2.000 Meter tief, einige sogar 6.000 Meter tief. Alle zehn Tage taucht das Argo Float auf. Wieder an der Wasseroberfläche angekommen, sendet es die erfassten Daten per Satellit an ein Forschungs-zentrum. Es kann über fünf Jahre lang unterwegs sein und messen.

OZEANDATEN SAMMELN

Die Forschung braucht viele Informationen über den Ozean, aber einige Bereiche der Weltmeere sind nur schwer zu erreichen und auch wenig befahren. Gerade in den Südmeeren gibt es große Gebiete, in denen daher noch nie Daten erfasst wurden. Boris konnte bei seiner Weltumsegelung in diesen entlegenen Gebieten Daten sammeln, wo sonst nur sehr wenig Schiffsverkehr herrscht. Mit seinem speziellen Labor an Bord, das den CO_2-Gehalt, die Temperatur und den Salzgehalt des Wassers misst, konnte er einen kompletten Datensatz einmal rund um die Welt mitbringen. Diese Daten haben Wissenschaftler genutzt, um im IPCC-Bericht Aussagen über den Klimawandel machen zu können, und sogar in der Tagesschau wurde über die gesammelten Daten berichtet. Zudem setzt Boris Messgeräte wie den Drifter oder das Argo Float auf seinen Regatten aus.

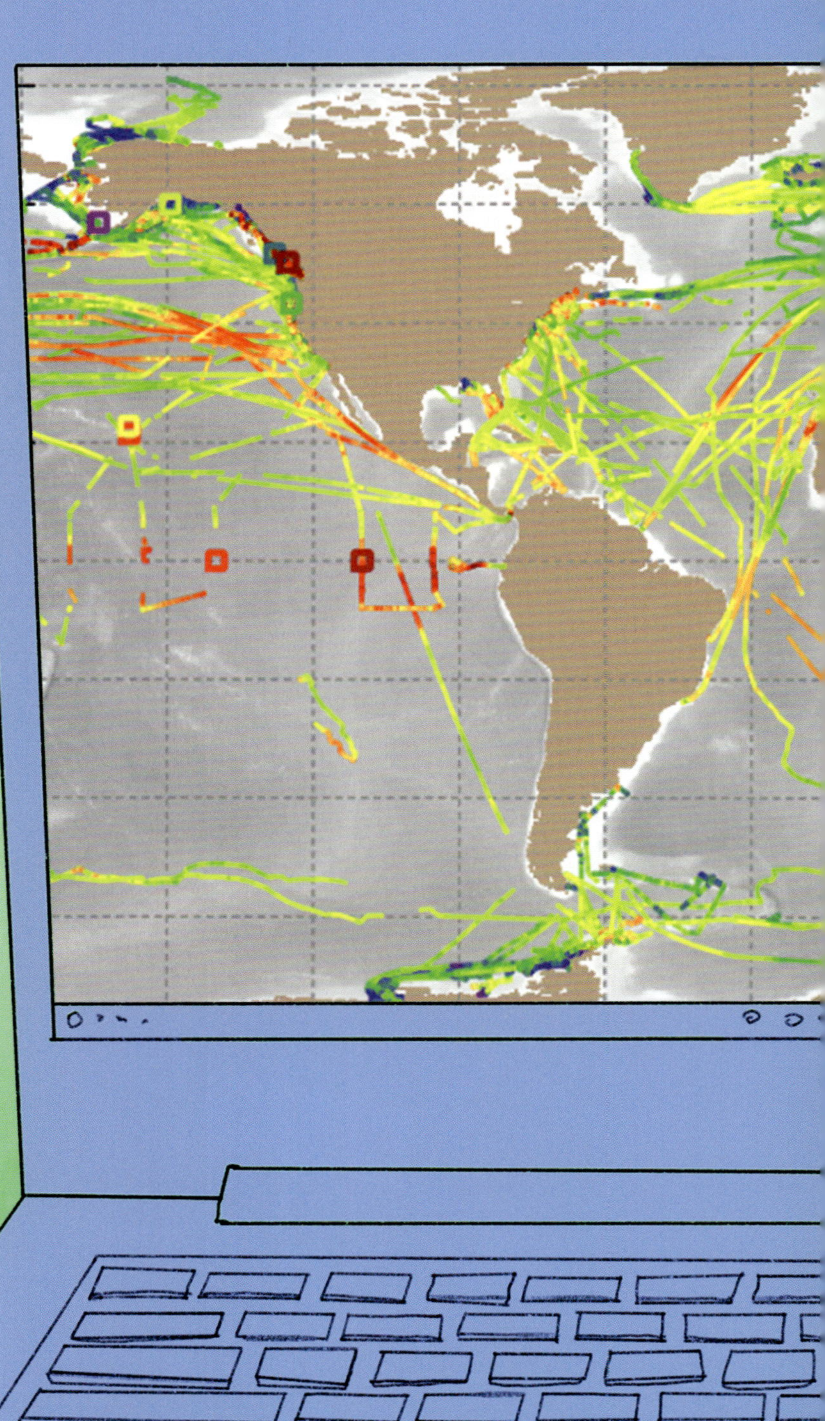

Die wenigen Linien in den Südmeeren auf dieser SOCAT-Weltkarte zeigen alle CO_2-Messungen, die im Jahr 2019 gemacht wurden. Einige davon stammen von Team Malizia.

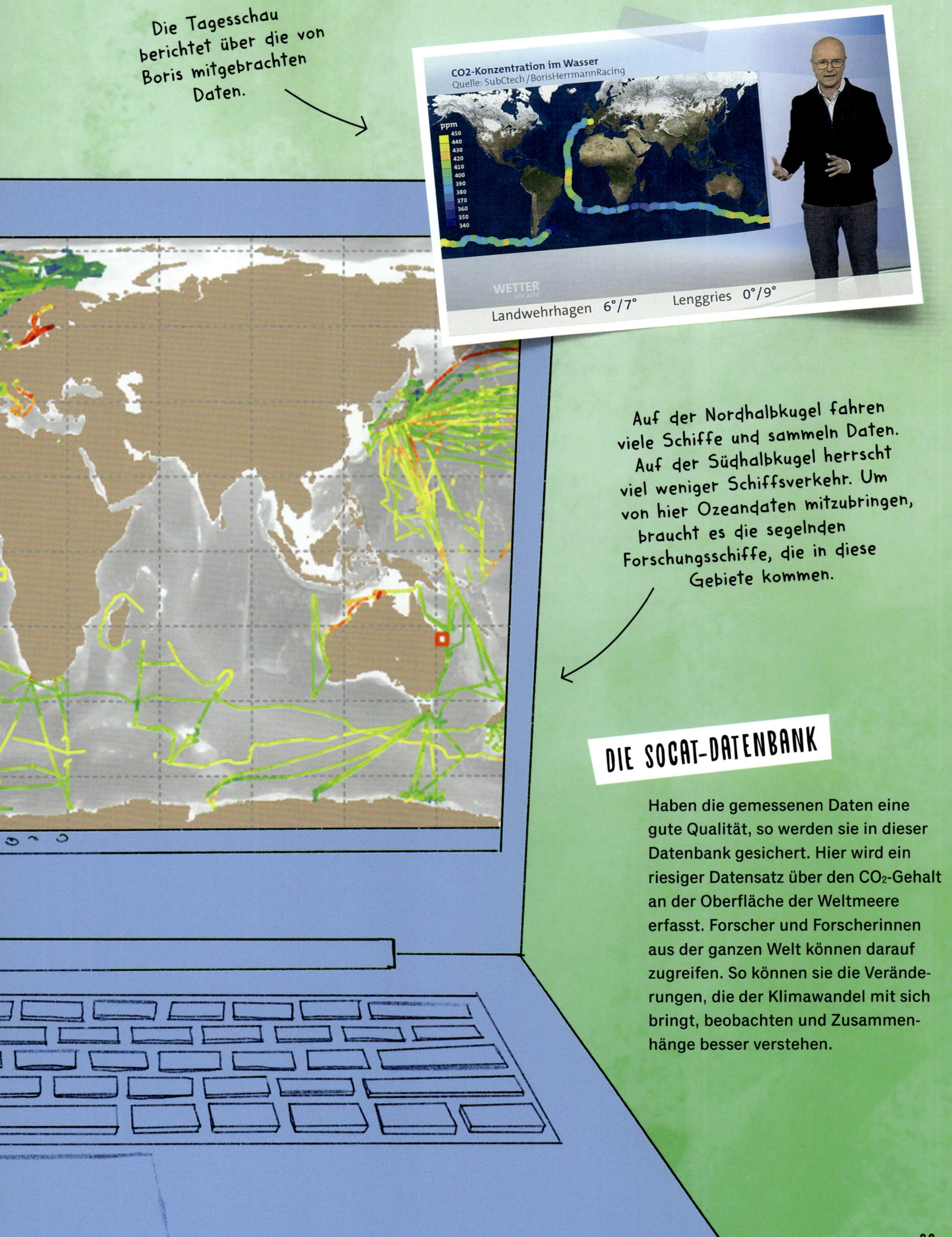

DIE SOCAT-DATENBANK

Haben die gemessenen Daten eine gute Qualität, so werden sie in dieser Datenbank gesichert. Hier wird ein riesiger Datensatz über den CO_2-Gehalt an der Oberfläche der Weltmeere erfasst. Forscher und Forscherinnen aus der ganzen Welt können darauf zugreifen. So können sie die Veränderungen, die der Klimawandel mit sich bringt, beobachten und Zusammenhänge besser verstehen.

OZEAN UND KLIMAWANDEL

Die Erde ist von einer Schutzhülle umgeben, der Atmosphäre. Sie besteht aus verschiedenen Gasen.

Die Ozeane spielen eine Hauptrolle für den Klimawandel. Der Ozean hilft uns dabei, die Erde zu kühlen und die Abgase der Menschen aufzunehmen und zu verarbeiten. Er kommt jedoch an seine Grenzen und ist nun in Gefahr. Der Klimawandel führt dazu, dass das Meerwasser immer saurer und wärmer wird. Viele Tiere können sich den Temperaturänderungen und der Versauerung der Ozeane nicht anpassen und sind dadurch bedroht.

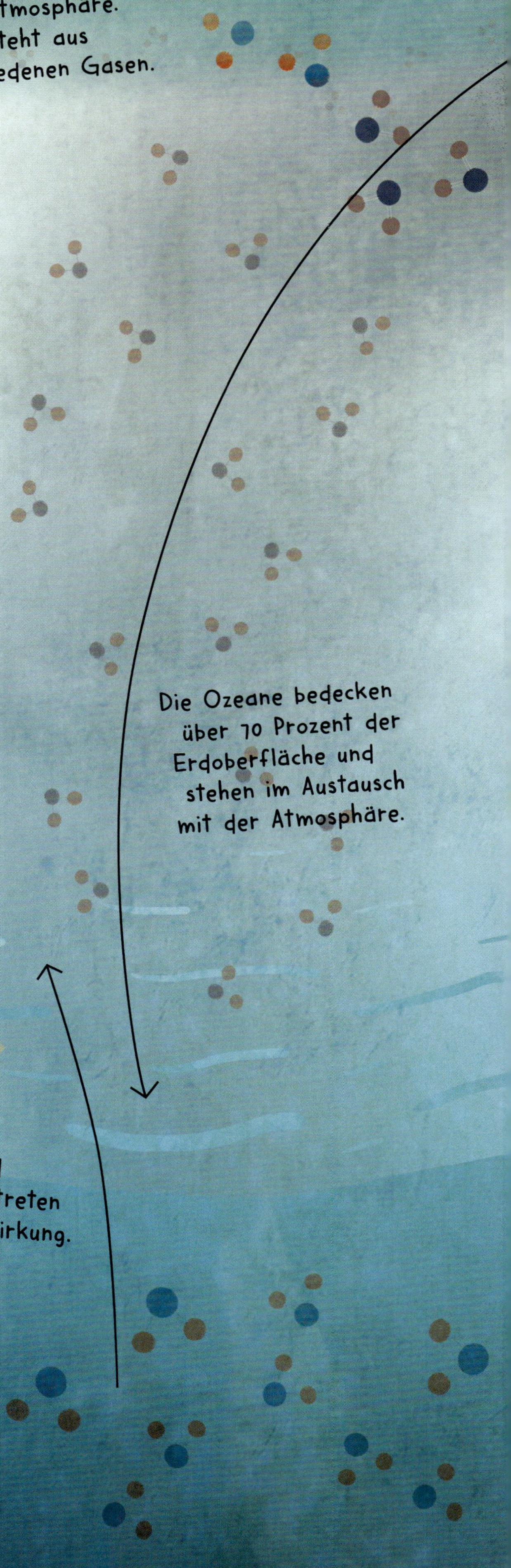

VERSUCH CO_2-AUFNAHME IM WARMEN UND KALTEN WASSER

Wenn der Ozean wärmer wird, kann er weniger CO_2 speichern. Probiere es aus! Stelle eine Mineralwasserflasche (die Blubberblasen sind CO_2) in den Kühlschrank und eine zweite auf die Heizung oder in die Sonne. Öffne nach einigen Stunden beide Flaschen und stelle fest, in welcher Flasche mehr Blubberblasen sind: Kaltes Wasser nimmt mehr CO_2 auf als warmes Wasser.

Die Ozeane bedecken über 70 Prozent der Erdoberfläche und stehen im Austausch mit der Atmosphäre.

Ozean und Atmosphäre treten in Wechselwirkung.

ABGASE

Die Abgase, die wir Menschen produzieren, geraten aus der Atmosphäre in den Ozean. An der Meeresoberfläche kann das Gas aus der Luft in den Ozean übergehen. Die Abgase in der Atmosphäre führen zur Erderwärmung. Das bedeutet, dass sich auch die Ozeane erwärmen.

DIE ERDE HAT FIEBER

Stelle dir vor, es ist Sommer und die Sonne scheint: Es wird schön warm in deinem Zimmer. Wenn du nun immer noch eine Winterbettdecke benutzt, wird dir zu warm. Genauso ist es bei der Erde. Die Erde wird von der Sonne permanent gewärmt. Die Atmosphäre liegt wie eine Decke um die Erde. Das CO_2 der Menschen macht diese Decke wärmer: Die Erde bekommt Fieber.

Klimawandel kurz erklärt

1. Die Sonne ist der Energielieferant der Erde und der Motor des Klimasystems. Sie erzeugt Wärme auf der Erde, lässt Pflanzen, Tiere und Menschen gedeihen.

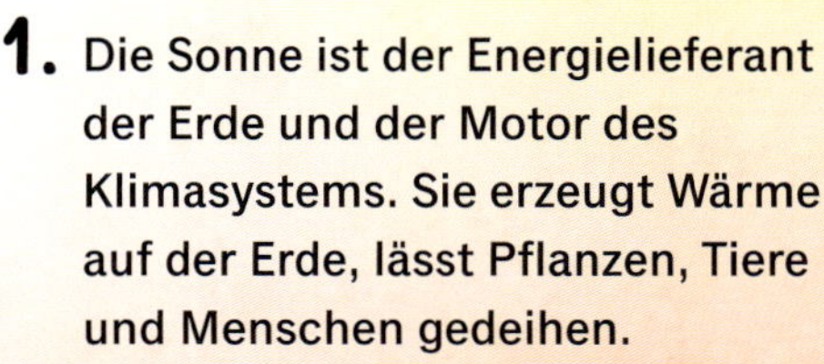

2. Die Atmosphäre besteht aus einer Mischung von Gasen (Sauerstoff, Kohlendioxid, Methan, Ozon, Lachgas und andere), die sich wie eine Decke um die Erde legt. Ohne die Atmosphäre wäre die Erde nachts ganz kalt (minus 140 Grad Celsius) und tagsüber ganz warm (plus 82 Grad Celsius). Es wäre im Durchschnitt so kalt, dass alle Ozeane gefrieren würden und wir auf einem Eisplaneten leben würden.

3. Eines dieser Gase in der Atmosphäre, CO_2, ist die Hauptursache des Klimawandels. Es führt zur Erwärmung der gesamten Erde. Man kann es weder schmecken noch riechen noch sehen, aber es spielt eine zentrale Rolle beim Klimawandel.

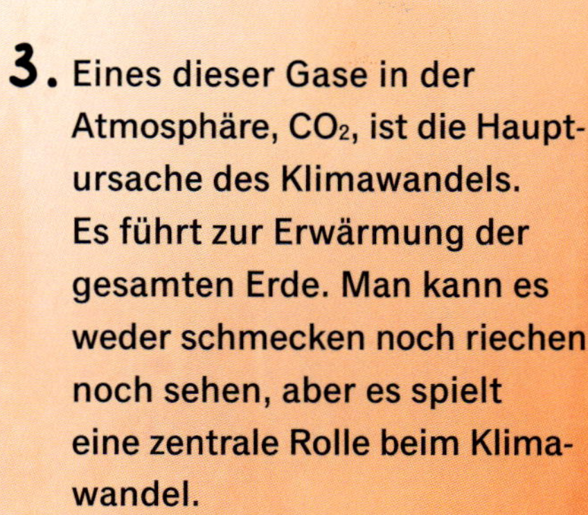

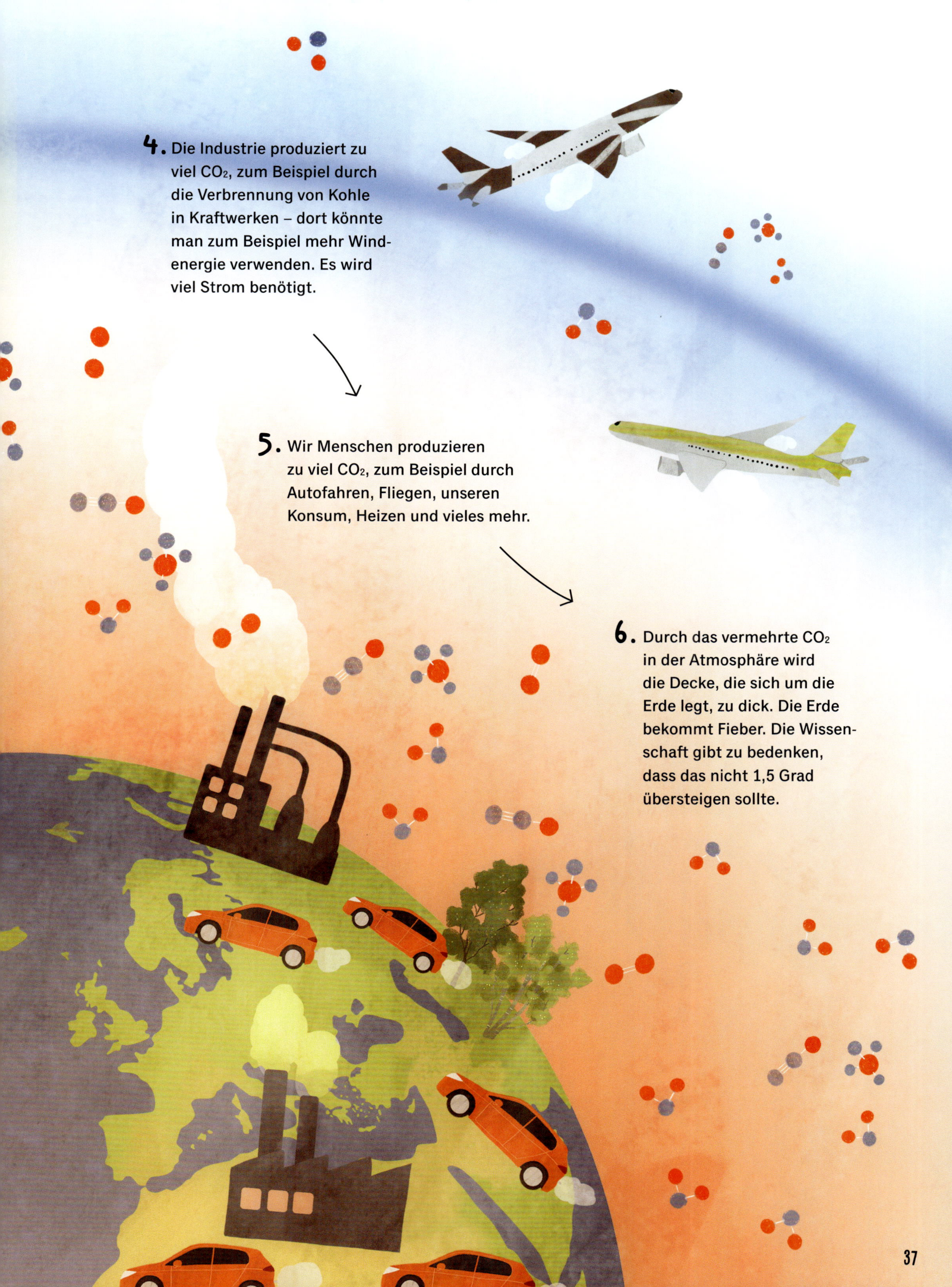

4. Die Industrie produziert zu viel CO_2, zum Beispiel durch die Verbrennung von Kohle in Kraftwerken – dort könnte man zum Beispiel mehr Windenergie verwenden. Es wird viel Strom benötigt.

5. Wir Menschen produzieren zu viel CO_2, zum Beispiel durch Autofahren, Fliegen, unseren Konsum, Heizen und vieles mehr.

6. Durch das vermehrte CO_2 in der Atmosphäre wird die Decke, die sich um die Erde legt, zu dick. Die Erde bekommt Fieber. Die Wissenschaft gibt zu bedenken, dass das nicht 1,5 Grad übersteigen sollte.

DER TREIBHAUS-EFFEKT

Das CO_2 in der Atmosphäre hat eine vergleichbare Wirkung wie das Glas eines Treibhauses: Das Glas eines Treibhauses bewirkt, dass sich der Innenraum erwärmt. Die Wärme der Sonne kann durch das Glas eindringen, gelangt aber nicht wieder vollständig hinaus. Diesen Effekt erlebst du auch bei einem Auto, das lange in der Sonne stand: Im Auto ist es viel wärmer als draußen. Die Erklärung dafür ist, dass ein großer Teil kurzwelliger Sonnenstrahlen fast ungehindert durch die Atmosphäre zur Erde gelangt. Sie erwärmen die Erde. Diese strahlt ihre eigene Wärme mit langwelligen Wärmestrahlen ins Weltall zurück. Das CO_2 in der Atmosphäre und andere Klimagase wie Methan, Ozon und Lachgas verhindern jedoch, dass diese langwelligen Strahlen wieder ungehindert aus der Atmosphäre austreten können. Man nennt sie deshalb auch Treibhausgase.

Alle 40 Sekunden furzen Rinder Methan aus! Sie sind daher echte Klimakiller.

VERSUCH BAUE DEIN TREIBHAUS

Du brauchst: zwei Schalen mit Eiswürfeln gefüllt und eine Glasschüssel.

Stelle die beiden Schalen mit den Eiswürfeln in die Sonne. Über eine der Schalen stülpst du die Glasschüssel. 3, 2, 1 – los!

Miss mit deiner Handy-Stoppuhr, wie lange es dauert, bis das Eis in den beiden Schüsseln jeweils vollständig geschmolzen ist. Was kannst du beobachten?

Probiere es aus!

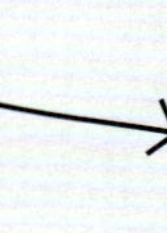

WOBEI ENTSTEHT CO_2?

Ob du mit einem Benzin-Auto zur Schule fährst oder mit dem Flugzeug in den Urlaub fliegst oder bei der Herstellung und dem Transport vieler Dinge, die du täglich verwendest, wie Fernseher oder Kühlschrank: Ständig entsteht CO_2. Pro Jahr wird um dich herum eine riesige Menge CO_2 (40 Milliarden Tonnen) in die Atmosphäre ausgestoßen. Der größte Teil entsteht durch das Verbrennen fossiler Rohstoffe und das Abholzen und Verbrennen von Wäldern.

Der Transport von Waren, Reisen und Verkehr erzeugt CO_2.

Zur Herstellung von Dingen wird jede Menge Energie benötigt.

Beim Bauen mit Beton (zum Beispiel Autobahnen, Gebäude) entsteht viel CO_2.

Zur Stromerzeugung werden in Kraftwerken Kohle und Gas verbrannt. Dabei entsteht sehr viel CO_2.

FOSSILE ROHSTOFFE

Kohle, Erdgas und Rohöl lagern unter dem Erdboden und sind über viele Millionen Jahre aus Fossilien entstanden. Auch unter den Ozeanen und Eismeeren lagern solche fossilen Rohstoffe, die uns viel Energie liefern. Wir graben sie aus (latein. „fossilis" bedeutet ausgegraben) und verarbeiten zum Beispiel Rohöl zu Diesel, Benzin oder Kerosin, um Autos, Flugzeuge und Schiffe anzutreiben. Bei der Verbrennung dieser Rohstoffe entstehen rund 34 Milliarden Tonnen CO_2 pro Jahr, das sind 88 Prozent der Gesamtemissionen.

WOHIN VERTEILT SICH CO_2?

Ozeane und Wälder können CO_2 aufnehmen und umwandeln. Das überschüssige CO_2, welches nicht von Wäldern oder dem Ozean aufgenommen werden kann, sammelt sich in der Atmosphäre an und bleibt dort über viele Tausend Jahre. Damit steigt die Menge des CO_2 in der Atmosphäre langsam an und „die Decke um die Erde wird zu warm". Erderwärmung und Klimawandel sind die Folge.

In der Atmosphäre sammelt sich etwa 47 Prozent des gesamten CO_2.

Bäume nehmen etwa 30 Prozent des gesamten CO_2 auf. In den Blättern wird CO_2 umgewandelt in Sauerstoff.

Der Ozean schluckt ungefähr 23 Prozent des gesamten CO_2.

Wenn wir Bäume fällen oder verbrennen, wird das von ihnen aufgenommene CO_2 freigesetzt: circa 5 Milliarden Tonnen pro Jahr, das sind 12 Prozent der Gesamtemissionen.

KLIMADETEKTIVE

Woher wissen wir eigentlich, wie sich das Klima vor Hunderttausenden von Jahren verändert hat? Und warum können wir genau sagen, dass die zu schnelle Erwärmung der Erde durch uns Menschen verursacht wurde? Im Eis von Grönland oder der Antarktis finden wir Antworten auf diese Fragen.

Die unteren Schichten sind die älteren – die oberen die neueren. Hellere und dunklere Streifen können zum Beispiel aufeinanderfolgende Sommer und Winter oder auch Vulkanaktivitäten bedeuten.

Wie viel der Klimagase war vor Hunderttausenden von Jahren in der Luft enthalten? Der Eisbohrkern verrät es uns!

EISBOHRKERNE

Wenn man ins Eis bohrt, kann man tief in die Vergangenheit blicken. Bei einer Bohrung in der Antarktis konnte zum Beispiel 900.000 Jahre altes Eis erreicht werden. Die einzelnen Schichten eines Eisbohrkerns liefern wertvolle Informationen über die Veränderung des Klimas. Schneefälle sammelten sich über Jahre hinweg und bildeten eine immer dicker werdende Eisschicht. So entstanden die Polkappen. Die oberen Schneeschichten pressten die unteren zusammen. Dabei wurden Luftblasen und Staubablagerungen eingeschlossen und blieben im Eis erhalten. Wir können also heute anhand dieser Luftblasen und Ablagerungen untersuchen, wie viel Kohlenstoffdioxid (CO_2) oder Methan (CH_4) vor Hunderttausenden von Jahren die Luft enthalten hat. Auch lässt sich am Eisbohrkern feststellen, wann zum Beispiel ein Vulkan ausgebrochen ist: Das CO_2 in der Atmosphäre steigt dann an.

DAS EIS LÜGT NICHT

Wissenschaftliche Analysen von Eisbohrkernen zeigen: Es gibt einen direkten Zusammenhang zwischen dem Vorkommen von Treibhausgasen und Temperaturschwankungen an der Erdoberfläche. Viele Jahrtausende lang ist die Menge an Methan (CH_4) und Kohlenstoffdioxid (CO_2) relativ gleich geblieben. Doch seit 1960 nimmt sie drastisch zu. Wir Menschen haben in diesem Zeitraum und schon lange davor begonnen, sehr viel CO_2 zu produzieren – und tun es bis heute. Ertappt: Unsere menschliche Aktivität führt zur Erderwärmung!

EXPERTENWISSEN
BÄUME

Auch die Jahresringe von Baumstämmen können uns Informationen über das Klima liefern.

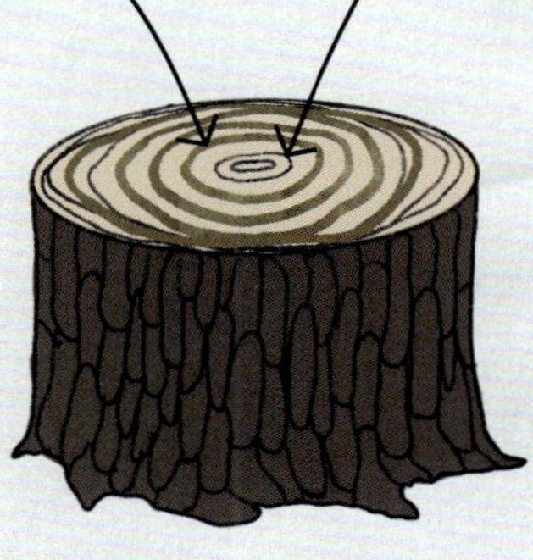

Wie ein Detektiv können wir durch Bohrungen in die Tiefe herausfinden, wie sich das Klima in der Vergangenheit verändert hat.

KLIMAGEDÄCHTNIS

Weltweit sammeln Glaziologen Eisbohrkerne. Denn wenn das Eis verschwindet, verschwinden auch die im Eis erhaltenen Informationen, das eingeschlossene „Klimagedächtnis“. Glaziologie ist die Wissenschaft von Eis und Schnee.

ALBEDO-EFFEKT UND PERMAFROST

Stell dir vor, die Sonne scheint und ein Pinguin liegt am Südpol auf dem Bauch. Die Sonne trifft auf seinen dunklen Rücken und ihm wird schön warm. Die Farbe Schwarz nimmt die Strahlung der Sonne auf und speichert die Energie, die Oberfläche wird warm. Liegt der Pinguin dagegen auf dem Rücken und sein weißer, heller Bauch zeigt zur Sonne, bekommt er nicht so viel Wärme ab. Denn die Farbe Weiß reflektiert das Sonnenlicht. So ist es auch bei den weißen Flächen von Schnee und Eis: Sie reflektieren das Sonnenlicht und kühlen ab.

Die dunklen Oberflächen wie Wasser und Erde nehmen die Strahlung der Sonne auf und speichern die Wärme. Bisher haben an den Polen riesige Eisflächen das ganze Jahr über das Meer bedeckt. Doch inzwischen taut im Sommer mehr Eis auf, als sich im Winter neu bilden kann. Wenn aber das Meereis schmilzt, schmelzen auch die Eismassen an Land. Die Flächen sind nicht mehr weiß und dunkle Flächen kommen hervor. Und die sorgen wiederum dafür, dass noch mehr Eis schmilzt. Ein Teufelskreis.

ALBEDO

Wie viel Sonnenlicht eine Oberfläche reflektieren kann, gibt die „Albedo“ an, eine Maßeinheit zwischen 0 und 1. Je heller die Fläche, desto größer die Albedo: Schnee hat fast 1, dunkler Asphalt fast 0.

DER BODEN WIRD PUDDING

Auch Böden, die permanent, also auch im Sommer, gefroren waren (Permafrostböden), beginnen seit einigen Jahrzehnten aufzutauen. Die aufgenommene Wärme an der Oberfläche dringt bis in die tieferen Schichten vor. Viele Pflanzen und Tiere sind dort seit Jahrtausenden wie in einer gigantischen Tiefkühltruhe eingefroren. Tauen sie auf, verrotten sie und setzen die Klimagase CO_2 und Methan frei. Ein weiterer Teufelskreis beginnt: Je mehr Methan und CO_2 in die Atmosphäre gelangen, desto wärmer wird unsere Erde. Mehr gefrorener Boden taut, mehr Methan und CO_2 wird frei und sorgt dafür, dass sich die Erde noch mehr erwärmt. Die Wissenschaft nimmt an, dass in den Permafrostböden noch fast doppelt so viel CO_2 gespeichert ist, wie wir aktuell schon in der Atmosphäre haben.

25 Prozent der Fläche auf der Nordhalbkugel besteht aus Permafrostboden, zum Beispiel in Alaska, Skandinavien, Russland, Kanada, China und Grönland. Und in Deutschland auf der Zugspitze.

Taut der Permafrostboden, sinken Häuser und Straßen ab; Brücken brechen zusammen. Viele Menschen, wie zum Beispiel in der Arktis, verlieren „den Boden unter ihren Füßen" und müssen fliehen.

OZEANVERSAUERUNG

Der Ozean schluckt an der Oberfläche CO_2. Dabei entsteht Kohlensäure. Kohlensäure kennst du von Sprudelwasser. Natürlich sieht man im Meer keine Bläschen aufsteigen wie in einem Glas Sprudel. Es reicht aber schon eine kleine Menge CO_2 aus, um den Säuregehalt der Ozeane zu verändern. Diese chemische Veränderung nennt man Ozeanversauerung. Pflanzen und Tiere leiden stark unter dieser Versauerung und der Erwärmung des Ozeans. Sie werden krank oder sterben.

LEBENSRAUM

Korallenriffe werden als Regenwald des Ozeans bezeichnet. Sie machen zwar nur einen sehr kleinen Teil des Meeresbodens aus, aber jede vierte bekannte Tierart des Ozeans lebt dort. Auch wenn sie nicht so aussehen – Korallen sind Tiere: längliche, hohle Polypen, glibberig wie Wackelpudding. Einen Teil ihrer Nahrung nehmen sie durch ihren Schlund auf. Zusätzlich lassen Korallen auf sich kleine Algen leben, die sie mit weiteren Nährstoffen versorgen und ihnen ihre wunderschönen Farben verleihen. Korallen scheiden Kalk aus und bilden Kalkskelette, die die Polypen und Algen schützen – so helfen sie einander!

GREAT BARRIER REEF

Das Great Barrier Reef ist 2.300 Kilometer lang – das ist länger als von Kiel bis nach München und zurück. Dieses gigantische Riff vor der Küste Australiens kannst du sogar vom Mond aus sehen und es leben dort 1.800 Meerestierarten. Durch den Klimawandel hat dieses Riff in den letzten fünf Jahren drei starke Korallenbleichen erlebt. Ein großer Teil des Riffs ist zerstört und es bleibt nicht genügend Zeit zum Erholen.

ALLESKÖNNER

Korallenriffe ernähren Milliarden von Menschen. Sie schützen durch ihre Struktur die Küsten, indem sie Wellen brechen und die Strömung beeinflussen. Sie fangen sogar Schmutz auf, verbessern die Qualität des Wassers – und sind einfach wunderschön!

KORALLENBLEICHE

Durch die Erwärmung des Ozeans stoßen die Korallenpolypen die Algen ab. Ohne die Algen verhungern die Korallen. Die Versauerung setzt dem Kalkgerüst der Korallen zu und ohne die Algen verliert die Koralle ihre Farbe. Das nennt man Korallenbleiche. Tropische Korallenriffe könnten schon im Jahr 2030 zerstört sein. Da es dadurch immer weniger Fische gibt, haben auch die Menschen, die vom Fischfang leben, immer weniger zu essen.

MEERESBEWOHNER IN GEFAHR

Viele Tierarten schaffen es nicht, sich schnell genug an Temperaturveränderungen und die Versauerung der Ozeane anzupassen. Zwar hat sich das Klima auch in vergangenen Erdzeitaltern verändert. Aber durch den menschengemachten Klimawandel passieren die Veränderungen zu schnell. Lebewesen brauchen Zeit, sich auf veränderte Bedingungen einzustellen. Besonders Tiere, die auf einen Lebensraum spezialisiert sind, haben es schwer. Wir alle, Menschen, Tiere und Pflanzen, befinden uns in einem Wettlauf gegen die Zeit.

DER EISBÄR

Im Winter jagen Eisbären Robben. Ist die Eisdecke geschlossen, müssen die Robben an den Eislöchern auftauchen, um zu atmen. Hier schlagen die Eisbären zu! Doch verschwindet das Packeis durch die Erwärmung, gelangen die Eisbären nicht zu den Robben. Ihre Futtersaison wird zu kurz, weil die Winterquartiere von den Nahrungsquellen abgeschnitten sind. Hungern die Eisbärweibchen, bekommen sie weniger Junge. Zudem bringen sie ihre Jungen in Schneehöhlen zur Welt, die einstürzen, wenn es zu warm wird. Weil außerdem das Packeis weg ist und die Jungen noch nicht so weit schwimmen können, verhungern sie oft.

DIE SUMPFSCHILDKRÖTE

Diese Art reagiert besonders sensibel auf steigende Wassertemperaturen: Bei Temperaturen unter 28 Grad schlüpfen nur Männchen aus den Eiern und ab 29,5 Grad nur Weibchen. Nur bei 28 bis 29,5 Grad ist das Verhältnis zwischen Männchen und Weibchen ausgewogen. Bleibt die Temperatur durch die Erderwärmung langfristig zu hoch, gibt es keine männlichen Schildkröten mehr. So stirbt nach und nach die ganze Art aus. Die Schildkrötenweibchen haben sich untereinander sehr lieb – können sich aber nicht mehr fortpflanzen.

AUSBEUTUNG DER OZEANE

Wenn du an Fischerei denkst, kommt dir vielleicht ein Bild von einem hübschen kleinen Fischkutter und einem Seemann in gelbem Regenmantel in den Kopf. Heutzutage wird allerdings oft mit riesigen Hightech-Schiffen gefischt. Sie sind mit kilometerlangen Fangnetzen ausgestattet, um möglichst viele Fische auf einmal zu fangen. Manche Netze sind so groß, dass sie 500 Tonnen Fisch auf einmal fangen können. Das entspricht ungefähr dem Gewicht von 100 Elefanten!

BEIFANG

Es geraten auch Fische und andere Meerestiere in die Netze, die nicht gefangen werden sollen und auch gar nicht verkauft werden können. Sie überleben meist nicht und werden einfach wieder zurück ins Meer geworfen. Man bezeichnet diesen Fang als „Beifang". Oft landen Fische im Netz, die noch so jung sind, dass sie noch nicht die Chance hatten, sich zu vermehren. Es fehlt also an Fischnachwuchs und auf Dauer gibt es immer weniger Fische. Viele Fischarten sterben aus oder sind stark bedroht.

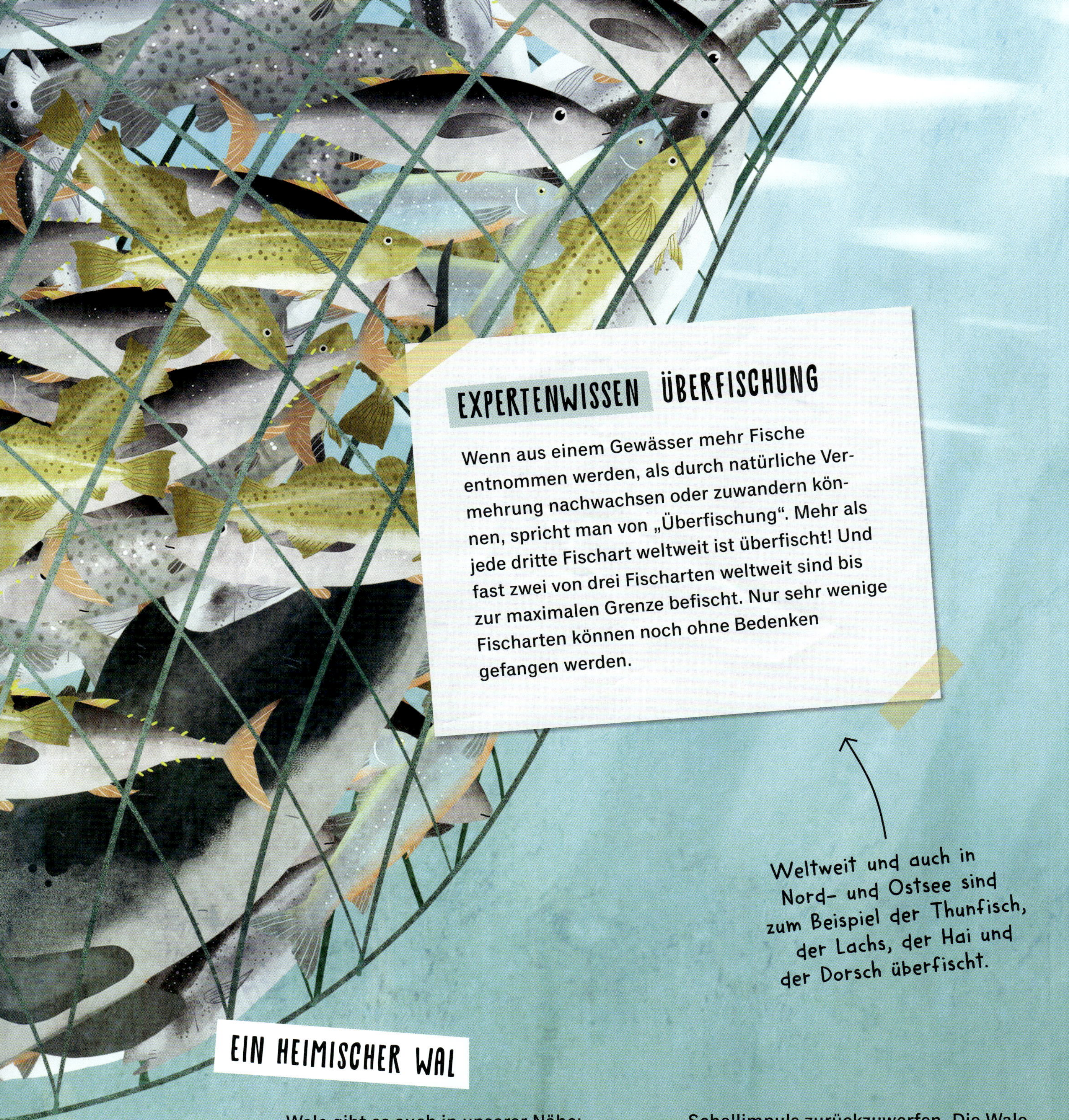

EXPERTENWISSEN ÜBERFISCHUNG

Wenn aus einem Gewässer mehr Fische entnommen werden, als durch natürliche Vermehrung nachwachsen oder zuwandern können, spricht man von „Überfischung“. Mehr als jede dritte Fischart weltweit ist überfischt! Und fast zwei von drei Fischarten weltweit sind bis zur maximalen Grenze befischt. Nur sehr wenige Fischarten können noch ohne Bedenken gefangen werden.

Weltweit und auch in Nord- und Ostsee sind zum Beispiel der Thunfisch, der Lachs, der Hai und der Dorsch überfischt.

EIN HEIMISCHER WAL

Wale gibt es auch in unserer Nähe: Schweinswale, die mit ein bis zwei Meter Länge die kleinste Walart sind. Mit etwas Glück kann Boris sie beim Segeln in der Ostsee beobachten, obwohl sie sehr scheu sind. In vielen Regionen sind Schweinswale selten geworden, weil sie als Beifang sterben. Schweinswale „sehen“ mit den Ohren, das heißt, sie senden Schallimpulse aus, die als Echo zurückgeworfen werden. Aber die Maschen der Netze sind zu fein, um den Schallimpuls zurückzuwerfen. Die Wale verfangen sich darin, können nicht mehr auftauchen und sterben. Um die Tiere zu schützen, wurden Schutzräume eingerichtet, etwa in der südlichen Nordsee, wo der Schweinswal wieder häufiger vorkommt. Doch die Maßnahmen können noch umfangreicher werden: In der östlichen Ostsee leben weniger als 500 Tiere und sind vom Aussterben bedroht. Ihnen setzen nicht nur die Netze zu, sondern auch Lärm, Schadstoffe und Müll.

ZU VIEL FISCH AUF DEM TISCH

Ein großes Problem beim Fischfang stellen die riesigen Fangnetze dar. Sie reichen bis zum Grund des Ozeans, wo sie den Boden aufwühlen, Pflanzen zerstören, Tiere gefährden und deren Lebensraum beschädigen.

VERÄNDERUNG

Besonders begehrt sind sehr große Fische. Sobald es sich nicht mehr lohnt, diese zu fangen, sind die Fischer auf die nächstkleineren Fische aus. Die waren aber vorher noch die Beute der großen Fische. Inzwischen sind nicht nur immer mehr Fischarten von Überfischung betroffen, sondern es fehlen auch Fische, die Nahrung für andere Tiere waren. Es kommen zudem nicht genügend Fische neu dazu, und sie können sich nicht ausreichend vermehren, denn das Wasser wurde für sie durch den Klimawandel zu warm. Das sehr empfindliche Gleichgewicht zwischen Tieren und Pflanzen unter Wasser gerät durcheinander.

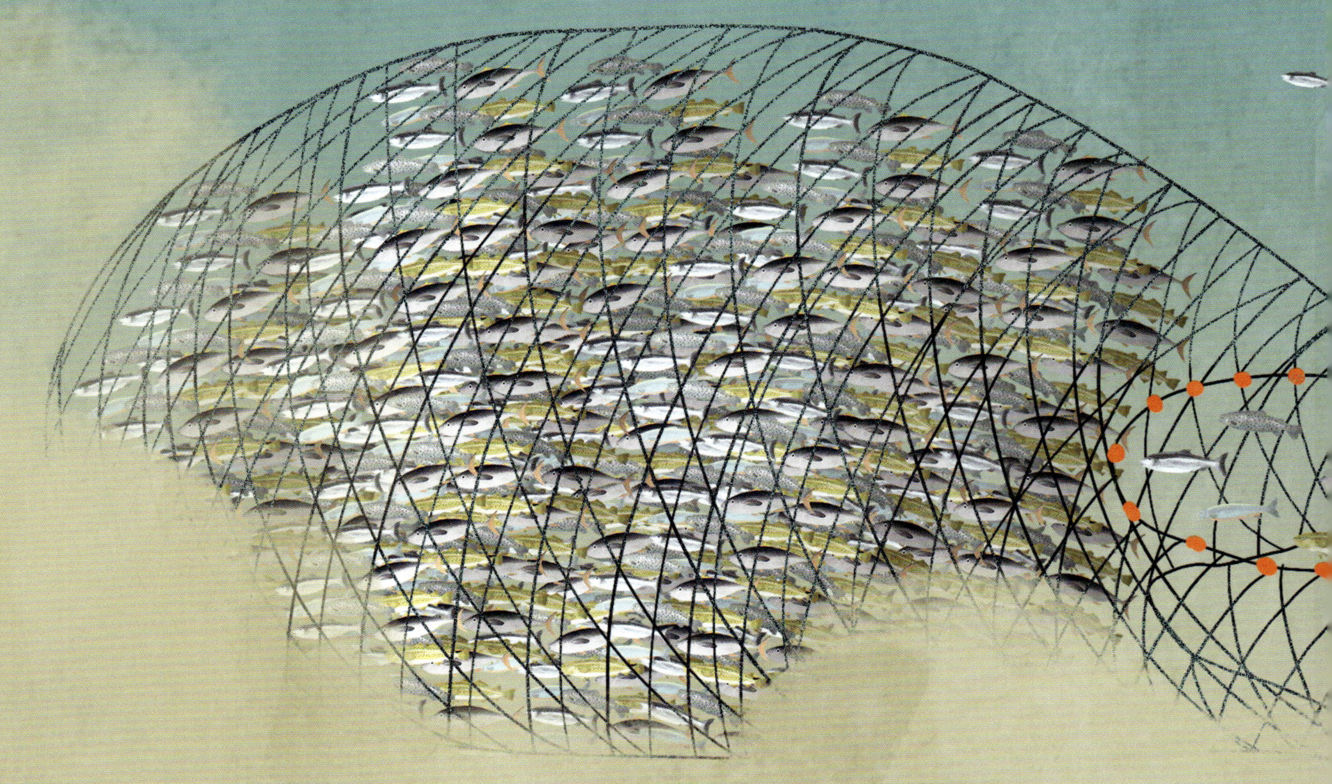

VERTEILUNG

Gerade in den reichen Ländern möchten die Menschen immer mehr Fisch verzehren. Mehr als die Hälfte des Fisches, den wir hier in Europa essen, wird in Ländern außerhalb Europas gefangen und zu uns gebracht. In den Entwicklungsländern fehlt oft dieser Fisch. Das heißt, für Menschen, die am Meer leben und sich schon immer hauptsächlich von Fisch ernährt haben, wird ein wichtiges Nahrungsmittel knapp.

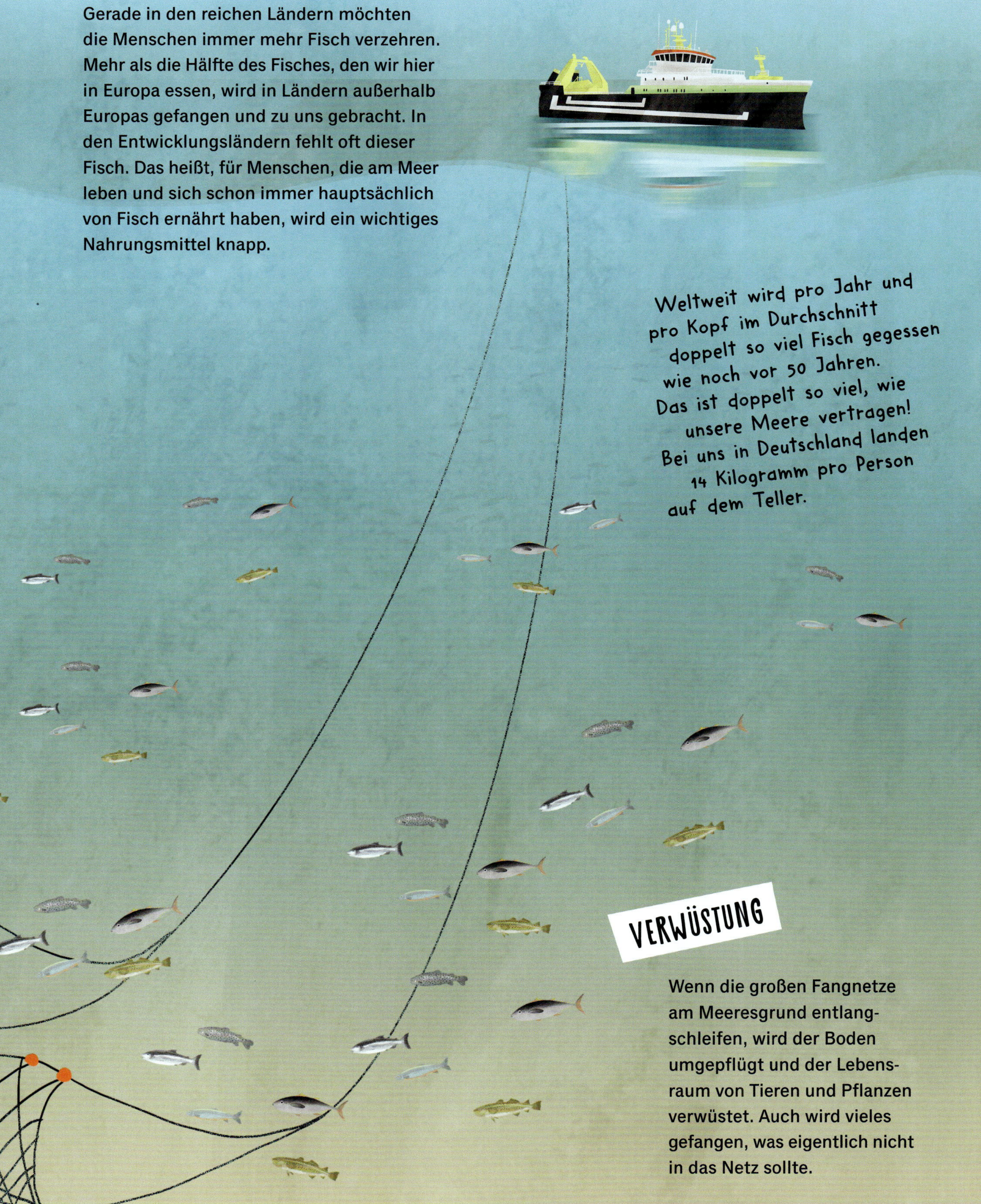

Weltweit wird pro Jahr und pro Kopf im Durchschnitt doppelt so viel Fisch gegessen wie noch vor 50 Jahren. Das ist doppelt so viel, wie unsere Meere vertragen! Bei uns in Deutschland landen 14 Kilogramm pro Person auf dem Teller.

VERWÜSTUNG

Wenn die großen Fangnetze am Meeresgrund entlangschleifen, wird der Boden umgepflügt und der Lebensraum von Tieren und Pflanzen verwüstet. Auch wird vieles gefangen, was eigentlich nicht in das Netz sollte.

ES IST FÜNF VOR ZWÖLF!

Das Klima darf nicht „kippen“! Was bedeutet das? Stelle dir ein Modellboot in deiner Badewanne vor. Wenn du gegen das Boot drückst, liegt es schräg. Wenn du loslässt, richtet es sich wieder auf. Ab einem bestimmten Punkt, dem Kipppunkt, kentert das Boot und bleibt kopfüber liegen. Auch bestimmte Naturvorgänge geraten bei zu starker Erderwärmung so stark aus dem Gleichgewicht, dass sie nicht mehr rückgängig gemacht werden können.

Die besondere Gefahr liegt darin, dass dieser Zustand die Erderwärmung noch zusätzlich beschleunigt. Solche Risiken beobachtet die Wissenschaft zum Beispiel beim Abschmelzen des Eises, bei der Abholzung von Wäldern, beim Auftauen von Permafrostböden und bei der Verlangsamung von Ozeanströmungen. Lasst uns also etwas tun, damit das Klima nicht kippt.

Wir wollen es schaffen,
die Erderwärmung auf 2 Grad,
am besten 1,5 Grad zu begrenzen.
Dann besteht die Chance,
dass sich die Erde erholen kann,
sich unser Boot in der Badewanne
wieder aufrichtet.

DIE FOLGEN DES KLIMAWANDELS

Dürren, Starkniederschläge oder Hitzewellen häufen sich, Überschwemmungen nehmen zu: Die Folgen des Klimawandels sind vielfältig. Die Eisdecken an den Polen schmelzen ab, da unsere Erde „Fieber" hat. Dies hat auch Auswirkungen auf den Meeresspiegel, der immer weiter steigt. Zudem wird das Wasser wärmer und dehnt sich deshalb aus. Auch dadurch steigt der Meeresspiegel. Für jeden Zentimeter, den der Ozean ansteigt, geht etwa ein Meter Land von der Küste verloren – über die Hälfte aller Menschen lebt jedoch in Küstennähe. Gleichzeitig verdunstet auf der vergrößerten Wasseroberfläche mehr Wasser und gelangt in den Wasserkreislauf. Die Regenmenge wird größer und die Wolken regnen früher ab. So regnet es an einigen Stellen zu viel und an anderen kaum noch. Menschen verlieren ihr Zuhause durch den Anstieg des Meeresspiegels, wie in Bangladesch, oder durch Dürren wie in Afrika, weil es zu wenig regnet.

Das Tiefdruckgebiet „Bernd" sorgte in Deutschland im Juli 2021 für die Überschwemmung ganzer Dörfer. Lange verweilende Tiefs wie „Bernd" können in Zukunft immer häufiger auftreten.

EXPERTENWISSEN JETSTREAM

In etwa 10 km Höhe existiert ein Wind, der für das Wettergeschehen verantwortlich ist: der „Jetstream". Er entsteht als eine ausgleichende Bewegung zwischen wärmeren und kälteren Regionen und zwischen Hoch- und Tiefdruckgebieten. Weil die Arktis und die Luft darüber sich durch den Klimawandel immer mehr erwärmen, wird das empfindliche System gestört. Der Jetstream verliert seine Kraft und wird langsamer – und wir erleben mehr Wetterextreme.

KLIMAFLÜCHTLINGE

Viele Menschen müssen aufgrund des Klimawandels sogar fliehen. Hunger und Wasserknappheit, Hitzewellen sowie Überschwemmungen zwingen Menschen, ihr Zuhause zu verlassen. Besonders hart trifft es die armen Länder, deren Bewohner selbst sehr wenig CO_2 verbrauchen.

Der reichste Teil der Weltbevölkerung ist für etwa doppelt so viel CO_2-Ausstoß verantwortlich wie die gesamte ärmere Hälfte der Menschheit.

VEREINIGT EUCH HINTER DER WISSENSCHAFT!

Team Malizia studiert den IPCC-Bericht sehr genau. Du kannst mit dem Team mehr zum Thema Klimawandel und Ozean lernen.

Es gibt einen Weltklimarat, den IPCC (Intergovernmental Panel on Climate Change). Dieser Rat gibt Politikern einen Überblick über die Klimaforschung. Hunderte von führenden Wissenschaftlern aus der ganzen Welt verfassen dafür den IPCC-Bericht, in dem sie Antworten auf folgende Fragen finden:

Wie kann man das Klima schützen?

Wie können sich Menschen an den Klimawandel anpassen?

Was sind die Folgen des Klimawandels?

Der Weltklimarat stellt eindeutig fest, dass der Klimawandel durch unser Verhalten als Mensch auf dem Planeten verursacht wird. Es wird mehr CO_2 ausgestoßen, als unser Planet vertragen kann. Die nächsten zehn Jahre sind entscheidend und drastische Maßnahmen erforderlich, um schädliche Klimagase zu verringern. Um das Ziel des Pariser Klimaabkommens von 1,5 Grad Erwärmung nicht zu überschreiten, müsste der CO_2-Ausstoß 2050 weltweit auf null sinken und gleichzeitig der Ausstoß von weiteren Klimagasen wie Methan stark verringert werden.* Die Regierungen von 195 Mitgliedsländern haben den Bericht offiziell angenommen und wollen als Weltgemeinschaft gemeinsam handeln.

Auf geht's!

* Stand 2018

KLIMAABKOMMEN VON PARIS

Bei einem Treffen in Paris haben sich 195 Länder 2015 dazu verpflichtet, die globale Erwärmung von 1,5 Grad möglichst nicht zu überschreiten und Anstrengungen zu unternehmen, um die Erwärmung auf deutlich unter 2 Grad zu begrenzen. Ab 2050 sollen nicht mehr Treibhausgase ausgestoßen werden, als die Erde wieder aufnehmen kann. Industrieländer sollen ärmere Länder in ihrem Handeln unterstützen. Jedes Land darf selbst entscheiden, wie es das schaffen wird. Es muss aber seinen Handlungsplan vorstellen und berichten, wie viel Treibhausgas es ausstößt.

Viele junge Menschen demonstrieren, um auf den Klimawandel aufmerksam zu machen.

Länderchefs kommen in Paris zusammen und unterzeichnen das Klimaabkommen.

NEUE LÖSUNGEN

Wir können gemeinsam viel verändern und schaffen.

Klimakrise? Es gibt Hoffnung!

Welche neuen Lösungsansätze wurden entwickelt?

Korallenriffe schützen und retten

Mit einem Unterwasser-Ufo Fischbestände beobachten und kontrollieren

Empfehlungen für Fangverbote und Schutzzonen aussprechen

Es gibt unendlich viele spannende Berufe, um sich für das Klima einzusetzen.

Wie kann unser Energieverbrauch umweltfreundlicher werden ?

Kraft der Natur nutzen: Strom aus erneuerbaren Energien

Klimaneutrale Treibstoffe entwickeln

UNITE BEHIND THE SCIENCE
#FridaysForFuture

Mangroven pflanzen
Einsatz für die Nachhaltigkeitsziele
Reparieren statt neu kaufen
Team Malizia im Einsatz für den Klimaschutz
Langlebige Produkte kaufen
Was kannst du beim Einkaufen tun?
Was können wir für den Klimaschutz tun?
Energie sparen
Was kannst du zu Hause tun?
Wie können wir die Kraft der Natur nutzen, um die Klimakrise zu bewältigen?
Lebensräume schützen, stärken und wiederaufbauen
Wale als „Klimaschützer"
Moore, Seegraswiesen und Mangroven speichern besonders viel CO_2.
speichern CO_2 im Körper
MUSTO
Plankton nimmt viel CO_2 auf
düngen durch ihr „Geschäft" Plankton

KLAR ZUR KLIMAWENDE!

Wenn Boris beim Segeln die Richtung ändern möchte, muss er das Boot wenden. In der Seglersprache fragt der Steuermann vor einer Wende seine Besatzung: „Klar zur Wende?"
Und wenn diese bereit ist, antwortet sie: „Klar!"

Sind wir auch klar zur Klima-Wende? Klar!

Wichtig ist, dass die Weltgemeinschaft gemeinsam handelt. Wenn wir auf die Wissenschaft hören, die ganz eindeutig feststellt, dass die Klimakrise durch menschliches Verhalten verursacht wird, können wir dieses Verhalten ändern und die Richtung wechseln. Du kannst bei dir zu Hause und in der Schule anfangen, dem Klima durch dein Verhalten zu helfen. Jeder Einsatz für den Klimaschutz zählt und die Gesellschaft als Ganzes kann viel verändern.

Vielleicht forschst du später einmal selbst zum Klimawandel oder verabschiedest entscheidende Gesetze für den Klimaschutz? Vielleicht entwickelst du neue Technologien, um umweltfreundlicher zu leben?

Entdecke, welche klugen Lösungen es bereits heute gibt, was du selbst tun kannst und was Team Malizia für das Klima tut.

A RACE WE MUS
CLIMATE ACTIO

EINSATZ FÜR DEN KLIMASCHUTZ

Mit seinem Wissenschafts- und Bildungsprogramm „My Ocean Challenge" setzt sich Team Malizia für das Ziel 4 ein: hochwertige Bildung

Die Malizia-Seaexplorer segelt ohne CO_2-Ausstoß um die Welt. Sie ist Symbol für die Kraft der Natur. Auf dem Boot steht der Slogan „A race we must win" in dem farbigen Kreis der 17 UN-Nachhaltigkeitsziele. Team Malizia setzt sich für die Nachhaltigkeitsziele ein und hat viele Maßnahmen für den Klimaschutz ergriffen.

GRÜNEN STROM ERZEUGEN

An Bord der Malizia-Seaexplorer wird mit Solar-, Wind- und Hydrogeneratoren Strom erzeugt. Diese wandeln Sonnenstrahlung, Wind und Wasserwiderstand, der auf einen Propeller im Wasser wirkt, in Strom um.

VIRTUELLE MEETINGS

Um unnötige Flüge zu vermeiden, trifft sich das Team per Video.

CO_2-FUSSABDRUCK REDUZIEREN

Mit einem CO_2-Tracker (findest du im Internet) kannst du ermitteln, wie viel CO_2 du ausstößt. Alle Maßnahmen von Team Malizia, wie Strom erzeugen, Flüge vermeiden oder Fahrrad fahren, reduzieren den CO_2-Fußabdruck.

Für diese Ziele setzt sich das Malizia-Team besonders ein:
Ziel 13: Maßnahmen zum Klimaschutz
Ziel 14: Leben unter Wasser

MUSKELKRAFT NUTZEN

Im Hafen werden Dinge mit dem Lastenfahrrad transportiert anstatt mit dem Auto.

GRETA THUNBERG AN BORD

Greta Thunberg segelte CO_2-frei auf der Malizia-Seaexplorer mit: 3733 Seemeilen von Plymouth, England, nach New York, USA, zur UN-Klimakonferenz. Das brachte viel Aufmerksamkeit für das Thema Klimaschutz.

4 HOCHWERTIGE BILDUNG

5 GESCHLECHTER-GLEICHHEIT

6 SAUBERES WASSER UND SANITÄR-EINRICHTUNGEN

10 WENIGER UNGLEICHHEITEN

11 NACHHALTIGE STÄDTE UND GEMEINDEN

12 NACHHALTIGE/R KONSUM UND PRODUKTION

16 FRIEDEN, GERECHTIGKEIT UND STARKE INSTITUTIONEN

17 PARTNER-SCHAFTEN ZUR ERREICHUNG DER ZIELE

MANGROVEN PFLANZEN

Um den nicht vermeidbaren CO_2-Ausstoß auszugleichen, pflanzt Team Malizia Mangroven auf den Philippinen. Diese Bäume können besonders viel CO_2 aus der Atmosphäre aufnehmen und helfen, den Klimawandel aufzuhalten. In Zusammenarbeit mit der Mama Earth Foundation entsteht eine „Malizia"-Bucht, wo schon über eine halbe Million Mangroven gepflanzt werden konnten.

DER WISSENSCHAFT HELFEN

Damit die Wissenschaft den Klimawandel besser versteht, sammelt Boris für sie auf seinen Fahrten wichtige Ozean-Messdaten.

DIE 17 NACHHALTIGKEITSZIELE

Es gibt neben dem Klimawandel weitere große Herausforderungen für die Menschheit, wie Hunger, Armut, Bildung und mehr. Damit diese wichtigen Herausforderungen nicht in den Hintergrund geraten, haben sich alle Länder der Welt auf 17 Ziele für nachhaltige Entwicklung geeinigt. Idee der nachhaltigen Entwicklung ist es, den zukünftigen Generationen nicht die Chance auf ein gutes Leben und eine gesunde Erde zu nehmen und gleichzeitig den ärmsten Menschen zu helfen, möglichst rasch einen besseren Lebensstandard zu erlangen. Die Farbfelder im Kreis stehen für die 17 Ziele für nachhaltige Entwicklung.

WAS DU FÜR DEN KLIMASCHUTZ TUN KANNST

Du kannst zu Hause und in der Schule eine ganze Menge tun, um CO_2 einzusparen. Einige Entscheidungen kannst du selbst treffen: zum Beispiel, ob du das Licht ausschaltest, wenn du dein Zimmer verlässt, die Heizung nicht voll aufdrehst oder mit dem Rad fährst, anstatt dich mit dem Auto fahren zu lassen. Andere Entscheidungen kannst du mit deinen Eltern gemeinsam treffen: woher ihr euren Strom bezieht oder ob ihr Solarpaneele auf dem Dach anbringt.

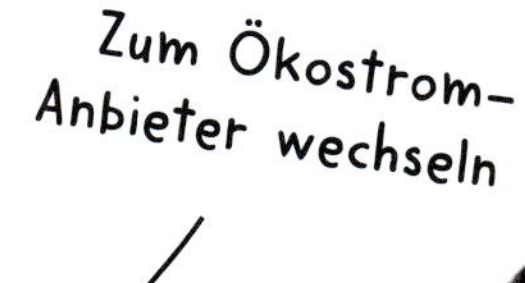

Klug lüften und heizen

Grillen mit Grillkohle vermeiden

Fisch und Fleisch in Maßen essen

Solarpaneele für Strom anbringen
Bäume pflanzen, im Garten oder in der Schule
Licht aus, wenn du das Zimmer oder den Klassen-raum verlässt
Kürzer duschen
LED-Lampen benutzen
Dinge reparieren, anstatt sie wegzuschmeißen
Recyclingpapier verwenden
Mit dem Fahrrad zur Schule fahren
Wäsche lufttrocknen anstatt im Wäschetrockner

WAS DU BEIM EINKAUFEN TUN KANNST

Gerade beim Einkaufen kannst du viele Entscheidungen treffen, die sich günstig aufs Klima auswirken. Sprich mit deinen Eltern oder den Erwachsenen, die bei euch im Haushalt einkaufen, darüber. Mit guten Argumenten kannst du sie bestimmt überzeugen, bewusster einzukaufen. Und wenn du dir selbst etwas von deinem Taschengeld kaufst, kannst du ebenfalls darauf achten.

- Überlege vor dem Kauf, ob du das Produkt wirklich brauchst und lange benutzen wirst. Kannst du vielleicht auch, anstatt neu zu kaufen, ein altes Produkt reparieren oder von einem Freund, einer Freundin ausleihen?
- Achte auf den CO_2-Fußabdruck der Dinge, die du kaufst. Wie viel CO_2 wurde für die Herstellung und den Transport ausgestoßen? Du findest diese Angabe immer öfter auf Verpackungen. Auch kannst du bei deiner Internet-Recherche mehr dazu finden.
- Gemüse nach Jahreszeit und möglichst in Bioqualität kaufen
- Lebensmittel kaufen, die in deiner Nähe gewachsen sind oder hergestellt wurden und nicht lange gekühlt werden müssen
- Qualität statt Quantität – besonders beim Kauf von Kleidung. Du kannst auch Secondhandkleidung kaufen.

WENN FISCH, DANN DEN RICHTIGEN

Informiere dich vor dem Kauf von Fisch, ob die Art noch nicht überfischt ist (Thunfisch zum Beispiel sollte man möglichst vermeiden). Der WWF gibt einen aktuellen Fischratgeber heraus, in dem steht, welche Arten unbedenklich sind und welche nicht.

So schaffst du es, weniger Plastikmüll entstehen zu lassen:

VERMEIDEN

Überlege dir, ob du das Produkt wirklich brauchst und lange verwenden kannst. Gibt es Alternativen zu Plastik? (Stoffbeutel statt Plastiktüte, Brotdose statt Folie.) Vermeide Plastikprodukte, die du direkt nach Gebrauch wegschmeißen musst.

WIEDERVERWERTEN

Achte bei Plastikprodukten und Plastikverpackungen darauf, ob sie wiederverwertet werden können.

WIEDERVERWENDEN

Werde kreativ und finde neue Wege, die Dinge öfter zu nutzen oder ihnen neues Leben einzuhauchen!

TOLLE AKTIONEN, DIE SPASS MACHEN

- Gestalte eine Skulptur aus Plastikmüll
- Veranstalte einen kleinen Flohmarkt: Vielleicht können deine alten Sachen anderen Leuten eine Freude machen.
- Aus Alt mach Neu: Designe ein neues Kleidungsstück und verwende alte Kleidung dafür!

GEHEIMWAFFEN GEGEN DIE KLIMAKRISE

In der Natur selbst steckt jede Menge „Superpower“: Wenn wir bestimmte Lebensräume schützen, stärken und auch wiederaufbauen, können wir die Kräfte der Natur nutzen, um die Klimakrise zu bewältigen.

MOORE

Denkst du bei Mooren an schaurige Geschichten? Lass uns die Moore einmal auf eine neue Weise kennenlernen! Moore speichern weltweit doppelt so viel CO_2 wie alle Wälder der ganzen Erde zusammen. Und das, obwohl unser Planet nur zu drei Prozent von Mooren bedeckt ist. Sie sind echte Klimahelfer! Leider wurden die meisten Moore, auch hier in unserer Heimat, entwässert. Nun erkennt man in Deutschland aber die Bedeutung der Moore an und schützt sie. Auch werden Moore wieder langsam vernässt.

MANGROVEN

Sie sind echte CO_2-Schlucker und können ungefähr fünf Mal so viel CO_2 aus der Atmosphäre aufnehmen wie Bäume im Regenwald und sogar mehr als 70 Mal so viel wie Bäume in den Wäldern unserer Heimat. Mangroven spenden Sauerstoff und bilden einen wichtigen Lebensraum für Meeres- und Küstenbewohner. Zudem schützen sie die Küsten vor Tsunamis und die Riffe vor Zerstörung durch Sandüberflutung. In den letzten fünfzig Jahren wurden enorm viele Mangroven abgeholzt, um die Flächen zum Beispiel für Ferienanlagen zu nutzen. Aber Pakistan, Indien, Thailand, Madagaskar, Tansania und die Philippinen forsten die Mangroven nun aktiv wieder auf.

SEEGRASWIESEN

Auch Seegras ist ein Klima-Wundergewächs. Die wunderschönen Unterwasser-Grasmatten wachsen in der Nähe von Küsten im flachen Wasser. Sie verhindern, dass zu viel Sand von unseren Stränden weggespült wird. Und Seegras nimmt große Mengen CO_2 auf! Die Fläche aller Seegraswiesen weltweit entspricht der Fläche Frankreichs. Alle Seegraswiesen zusammen können pro Jahr so viel CO_2 schlucken, wie alle Autos in Frankreich und Italien im Jahr in die Luft pusten. Leider sind auch Seegraswiesen weltweit durch den Menschen und die steigenden Wassertemperaturen bedroht. Sie können aber erfolgreich geschützt und wieder wiederaufgeforstet werden. Und das angeschwemmte Seegras am Strand ergibt prima Dämmmaterial für den Hausbau.

KLIMA-SCHWERGEWICHT WAL

Wusstest du, dass uns Wale helfen können, die Klimakrise zu bewältigen? Je mehr Wale leben, desto weniger CO_2 bleibt in der Atmosphäre, und desto mehr Sauerstoff zum Atmen haben wir Menschen. Wale sind richtige Umweltschützer. Entdecke, wie ihre „Klimaschutzstrategie" funktioniert.

Auf Höhe der Meeresoberfläche machen Wale ihr Geschäft: Walkot und Walurin

Wale können CO_2 im Körper speichern. Sie nehmen winzig kleine Lebewesen zu sich, die zu einem großen Teil auch aus CO_2 bestehen (wie wir Menschen übrigens auch).

Ende der Nahrungskette: der Wal

Wenn Wale sterben, sinken sie zu Boden. Und damit verschwindet also auch für eine lange Zeit CO_2 aus der Atmosphäre. Der Wal zersetzt sich langsam und dient den Tiefseebewohnern als Nahrung.

WALSCHUTZ LOHNT SICH!

Wale leben in allen Weltmeeren. Im letzten Jahrhundert wurden leider 80 Prozent aller Wale durch Walfang getötet. Heute gibt es deutlich weniger Wale als damals und der Walfang ist größtenteils verboten. Wale sind trotzdem sehr gefährdet: durch die Verschmutzung der Meere, die Überfischung und die Schifffahrt.

Pflanzliches Plankton nimmt 40 Prozent des weltweiten CO_2 aus der Atmosphäre auf.

Pflanzliches Plankton, winzig kleine Meeresalgen, ernährt sich davon. Es vermehrt sich sprunghaft, denn das Walgeschäft wirkt wie Dünger auf das Plankton.

Pflanzliches Plankton wandelt CO_2 in Energie und Sauerstoff um. Jeder zweite Atemzug von uns Menschen stammt aus dem Ozean!

Beginn der Nahrungskette

Wale ernähren sich von Krill und Fisch in den Tiefen des Ozeans.

MIT GELD AUFWIEGEN

Wenn man alles zusammenrechnet, was diese faszinierenden, gigantischen Wesen zum Schutz des Klimas beitragen, kommt man auf sehr viel Geld: das gespeicherte CO_2, die Möglichkeit, mit Walbeobachtungstouren Geld zu verdienen, das Funktionieren der Nahrungskette – all das zusammengenommen ergibt pro Wal einen Wert von ungefähr 2 Millionen Dollar! Es ist also insgesamt auch „billiger“ für uns alle, wenn wir die Wale schützen!

KORALLENRIFFE RETTEN

Korallenriffe sind artenreiche Lebensräume und leiden unter der Klimakrise: Die Korallen bleichen aus und sterben ab. Korallenbleichen ereigneten sich früher etwa alle 25 Jahre. Dazwischen konnten sich die Riffe erholen. Heute passiert das etwa alle sechs Jahre – an einigen Orten sogar jährlich. Die Riffe können sich nicht mehr aus eigener Kraft erholen. Wir können aber eine ganze Menge tun, um diese kostbaren Lebensräume zu schützen und wiederzubeleben. Der wichtigste Schritt bleibt, weniger Treibhausgase in die Luft zu pusten.

Dank Notfall-Frühwarnsystemen können besonders gefährdete Riffe kurzfristig für Touristen gesperrt und seltene Korallenarten vorausschauend entnommen werden. Außerdem forscht man daran, wie den Riffen Schatten gespendet werden kann, damit die Sonne den Ozean nicht zu sehr erwärmt.

MICROFRAGMENTING

Bei dieser Methode sägt man winzige Teile der Koralle ab, die wie verletzte Haut schnell nachwachsen. Gezüchtete Polypen werden in Aquarien dicht nebeneinandergesetzt und verschmelzen. Sie werden schneller groß und reif genug, um sich zu paaren und zu vermehren. Arten, die sonst zehn Jahre für ihre Reife brauchen, bekommen nun innerhalb weniger Jahre Nachwuchs.

KORALLENKINDERGRATEN

Korallen lassen sich ähnlich wie Pflanzen züchten. Um Korallenriffe wiederzubeleben, sammelt man kleine Stecklinge und zieht sie in einem „Korallenkindergarten" auf. Sind sie groß und reif genug, werden sie auf geschädigte Riffe verpflanzt. Wenn alles gut geht, entsteht dort neues Leben. Ziel ist es, verschiedene robuste Korallenarten zu züchten, die nicht nur schnell wachsen und sich verzweigen, sondern auch Hitze, Zerstörung durch Hurrikane sowie Krankheiten verkraften.

PAARUNG VORANTREIBEN

Man sammelt Eier und Spermien von Korallen, die besondere Hitze und eine Bleiche überlebt haben. In Netzen nahe der Meeresoberfläche finden Befruchtung und Larvenbildung statt. Der Nachwuchs wird auf beschädigten Riffen verteilt.

Korallen vermehren sich auf zwei Arten: durch Paarung wie bei Tieren – aber auch durch Ableger wie bei Pflanzen.

ALGEN, DIE HITZE ÜBERSTEHEN

Es gibt Algen mit besonderen Genen, die große Hitze überstanden haben. Manchmal passiert es zufällig, dass sich solche Gene bilden. Diese Algen überleben besser und pflanzen sich fort. Sie werden in Laboren gezüchtet und können sich im Schnellverfahren vermehren. Natürliche Korallen, die sich auf eine Verbindung mit diesen Laboralgen einlassen, sind weniger anfällig für eine Bleiche.

LEBENDE SAMMLUNG

In „Biobanken" werden gefährdete Korallenarten gesammelt und am Leben erhalten. Es gibt daher die Hoffnung, den Ozean irgendwann mit ausgestorbenen Arten neu besiedeln zu können.

KORALLENMISCHUNGEN ZÜCHTEN

Vermehren sich Korallen, die an wärmere Gewässer gewöhnt sind, mit Korallen derselben Art, die an kältere Gewässer gewöhnt sind, entstehen Korallen, die sich an neue Wärmebedingungen anpassen und diese Eigenschaft an ihre Nachkommen vererben können.

LEERE MEERE? NEIN DANKE!

Dies sind nur einige Beispiele. Die Liste von hoffnungsvollen Initiativen ist lang!

Wo Politik und Wissenschaft Hand in Hand arbeiten, können sie Gutes bewirken. In immer mehr Ländern wird gesetzlich geregelt, wie viel von welcher Fischart wann gefischt werden darf (Fischfangquote). Auch werden Gebiete festgelegt, in die der Mensch nicht eingreifen darf (Schutzzonen). An vielen Orten kann sich der Bestand von Fischarten wieder erholen, und die Artenvielfalt bleibt erhalten – wenn die Fischerei die Regeln einhält.

ERHOLUNGSGEBIET FÜR FISCHE

In der Nähe von Windparks im Meer darf nicht gefischt werden und viele Fischarten erholen sich dort.

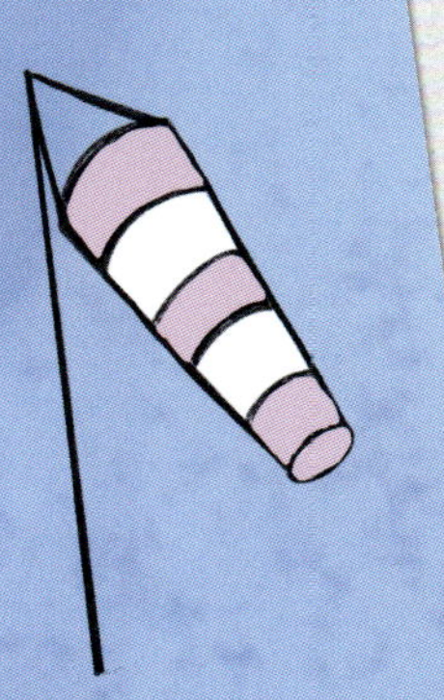

RATGEBER

Es gibt Ratgeber, die dir zeigen, welche Fischarten du noch ohne Bedenken verspeisen kannst und welche besonders gefährdet sind (WWF). Du kannst mit deiner Familie entscheiden, welchen Fisch ihr kauft. Zudem wird ingesamt einfach zu viel Fisch gegessen.

NEUE NETZE ENTWICKELN

Um den Beifang zu verhindern, haben clevere Leute vom Thünen-Institut ein „Flexnetz“ entwickelt. Es hat „Notausgänge“, durch die man den unerwünschten Beifang im Wasser wieder freilassen kann.

SIEGEL

Verschiedene Siegel auf Fischprodukten sollen dem Käufer zeigen, ob sich die Firmen an Regeln halten und Fischfang betreiben, der keinen Schaden anrichtet. Siegel regen dazu an, Fisch bewusster zu kaufen.

Wenn du Fisch als eine Delikatesse betrachtest – etwas, das man nur selten isst –, tust du auch etwas für den Erhalt der Meere.

Weltweit wird das Problem von vielen Seiten angepackt:

ANTARKTIS

Für die Antarktis gibt es einen wichtigen Vertrag, der dieses Gebiet der friedlichen Nutzung und besonders der wissenschaftlichen Forschung vorbehält.

Schutzzonen im Mittelmeer führen zur Erholung von Meerestierbeständen.

HELGOLAND

Auf Helgoland wird der Hummer aufgezogen und ausgesetzt.

NEUKALEDONIEN

In Neukaledonien dürfen keine Haie mehr gefangen werden.

OSTSEE

An künstlichen Riffen in der Ostsee wächst die Vielfalt der Arten von Meeresbewohnern und Bestände erholen sich.

Auch in Deutschland gibt es viele gute Ansätze, um die Artenvielfalt zu fördern und gefährdete Arten zu schützen.

UFOS UNTER WASSER?

Ufos kennst du aus Science-Fiction-Filmen und Büchern, mit Aliens aus dem All. Nun haben Wissenschaftler echte UFOs entwickelt. Sie sehen zwar aus, als könntest du mit ihnen ins All fliegen – aber sie werden im Meer eingesetzt. Der Name UFO steht in diesem Fall für: Unterwasser-Fisch-Observatorium.

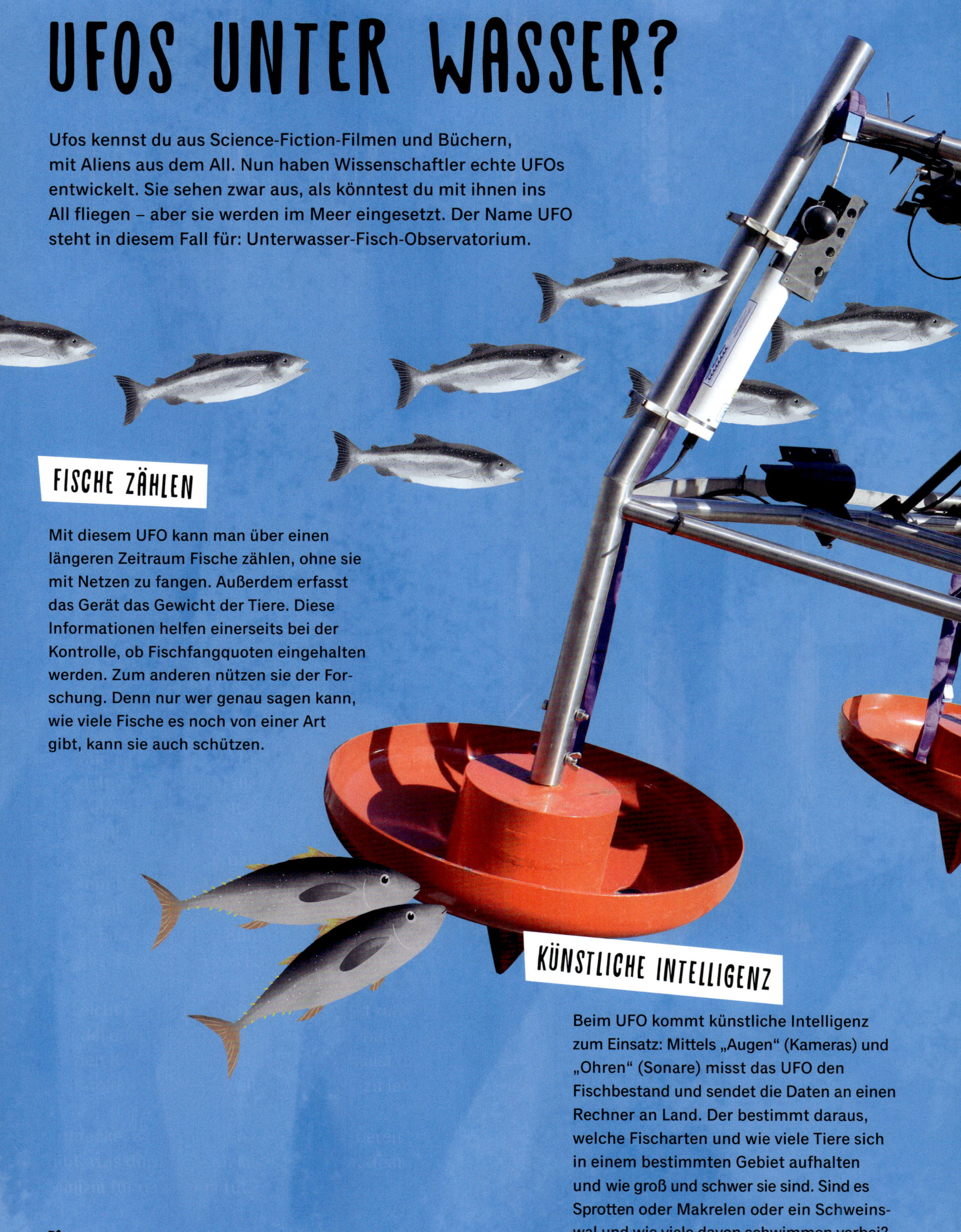

FISCHE ZÄHLEN

Mit diesem UFO kann man über einen längeren Zeitraum Fische zählen, ohne sie mit Netzen zu fangen. Außerdem erfasst das Gerät das Gewicht der Tiere. Diese Informationen helfen einerseits bei der Kontrolle, ob Fischfangquoten eingehalten werden. Zum anderen nützen sie der Forschung. Denn nur wer genau sagen kann, wie viele Fische es noch von einer Art gibt, kann sie auch schützen.

KÜNSTLICHE INTELLIGENZ

Beim UFO kommt künstliche Intelligenz zum Einsatz: Mittels „Augen“ (Kameras) und „Ohren“ (Sonare) misst das UFO den Fischbestand und sendet die Daten an einen Rechner an Land. Der bestimmt daraus, welche Fischarten und wie viele Tiere sich in einem bestimmten Gebiet aufhalten und wie groß und schwer sie sind. Sind es Sprotten oder Makrelen oder ein Schweinswal und wie viele davon schwimmen vorbei?

WALE RETTEN

Mithilfe des UFOs könnte man zum Beispiel besser beobachten, wann und wo Wale auftauchen. Dann könnte die Fischerei darauf reagieren und weniger fischen oder für einen bestimmten Zeitraum kleinere Netze verwenden, bis die Tiere wieder weitergezogen sind. Der Wal könnte so davor geschützt werden, als Beifang im Netz zu landen.

WO ES SIE GIBT

Manche UFOs sind fest angebracht. Andere bewegen sich auf vorgegebenen Pfaden unter Wasser. Im Moment sind drei Geräte im Einsatz, alle in Deutschland: Das erste UFO wurde vor Sylt in der Nordsee installiert. Zwei weitere befinden sich in der Ostsee vor Kiel und vor Eckernförde. Vielleicht werden die UFOs ja irgendwann auf der ganzen Welt eingesetzt?

KLAR ZUR ENERGIEWENDE!

Viele Dinge werden sich in Zukunft ändern, damit weniger CO_2 ausgestoßen wird: Landwirtschaft, Wohnen, Reisen, Transport und vieles mehr. In vielen Bereichen werden wir dank neuer Erfindungen und Technologien CO_2 reduzieren. Und auch wir können etwas tun: unsere Gewohnheiten verändern und Energie sparen. Wir benötigen eine große Menge Strom, und um Strom zu erzeugen, braucht es Energie. Anstatt fossile Rohstoffe zu verbrennen, können wir aber auch auf andere Weise Strom erzeugen: mit der Energie der Sonne, des Windes, der Meeresströmungen, der Wellen oder des Erdinneren. Diese Energiequellen sind immer vorhanden beziehungsweise entstehen immer wieder neu. Man nennt sie daher erneuerbare Energien.

SONNENENERGIE

Durch die Strahlung der Sonne entsteht Sonnenenergie, die wir auf der Erde in Form von Licht und Wärme wahrnehmen. Die Sonne liefert jeden Tag um ein Vielfaches mehr Energie, als der Mensch in derselben Zeit nutzen könnte. Mit Solarpaneelen können Sonnenstrahlen in elektrischen Strom umgewandelt werden. Viele Solarpaneele gibt es bereits auf Hausdächern, Ampelanlagen oder in Solarkraftwerken – dort, wo viel Sonne scheint, zum Beispiel in Spanien. Auch auf der Malizia-Seaexplorer wird Strom mit solchen Paneelen erzeugt.

WINDENERGIE

Schon seit Jahrtausenden nutzt der Mensch Windkraft, um mit Segelschiffen zu segeln. Boris segelt allein mit der Kraft des Windes um die Erde. Früher wurden Windmühlen genutzt, um mit der Kraft des Windes Korn zu mahlen oder Wasser zu pumpen. Heute kann man mit Windrädern Strom erzeugen, an Land und auch auf See. Man braucht natürlich auch Energie, um solche Windräder zu bauen. Aber schon nach drei bis sechs Monaten hat ein Windrad die dafür benötigte Menge an Energie produziert. Windenergieanlagen haben eine Lebensdauer von etwa 20 Jahren.

ERDWÄRME

Bohrt man tief genug in die Erde, ist das Wasser dort so heiß, dass es gut für Heizungen und Stromerzeugung verwendet werden kann. Island erzeugt fast den gesamten Strombedarf aus Erdwärme. Es ist dort etwas einfacher, weil es viele Vulkane gibt. In Hamburg wird zum Beispiel das Gebäude des Magazins „Der Spiegel“ mit Erdwärme geheizt. Allerdings muss dazu 800 Meter tief gebohrt werden.

KLIMANEUTRALE TREIBSTOFFE

Mit erneuerbaren Energien lässt sich CO_2-freier Strom erzeugen. Es gibt allerdings ein Problem, wenn es um Treibstoff geht: Nicht immer lassen sich die klimaschädlichen Treibstoffe durch Strom ersetzen, zum Beispiel in der Schifffahrt oder beim Fliegen. Denn dort wird so viel Energie benötigt, dass die Batterien, die man für einen großen Frachter oder ein Flugzeug bräuchte, viel zu groß und zu schwer wären.

CO_2-Aufnahme aus der Luft

Man nehme Wasserstoff und CO_2 aus der Luft und mache Treibstoff.

Man nehme Strom aus erneuerbaren Energien und Wasser und mache Wasserstoff.

POWER TO X

Damit auch Flugzeuge und Schiffe selbst bei langen Strecken klimaneutral sein können, wurde ein kluges Verfahren entwickelt: Power to X, bei dem die erneuerbaren Energien klimaneutrale Treibstoffe herstellen. Mit Strom aus Windrädern, Solaranlagen, Wellenkraftwerken und anderen erneuerbaren Energiequellen wird Wasserstoff hergestellt. Dann wird CO_2 aus der Luft eingesetzt, um aus dem Wasserstoff Treibstoff zu erzeugen. Mit diesem können Flugzeuge und Schiffe angetrieben werden.

OZEANENERGIE

Auch der Ozean kann viel Energie liefern, durch seine Gezeiten (Ebbe und Flut), die Wärmeenergie sowie Strömungen und Wellen. Zum Beispiel nutzt vor der Küste Schottlands eine schlaue Seeschlange Wellenenergie und erzeugt Strom. Natürlich handelt es sich hierbei nicht um ein Tier, sondern um eine vom Menschen gemachte Maschine, ein Wellenkraftwerk. Die Schlange nennt sich Pelamis (griechisch: Seeschlange) und ist etwa so lang wie ein ICE-Zug. Die Rohrschlange wandelt die Wellenbewegungen in Strom um, der über Seekabel an Land geleitet wird.

MIT DER KRAFT DES WINDES

Ganz viele Dinge, die du täglich verwendest, wurden von weit her transportiert. Zum Beispiel kommen deine Schuhe wahrscheinlich aus Asien und wurden in Containern auf dem Seeweg zu uns gebracht.

WAS TREIBT UNSERE SCHIFFE AN?

Früher segelten Frachtschiffe. Dann kam die Dampfmaschine. Zunächst hatten Schiffe beides, Segel- und Dampfantrieb. Ab ungefähr 1930 gab es kaum noch Segelschiffe und fast nur noch Dampfschiffe, in denen Kohle verbrannt wurde. Heute fahren fast alle Schiffe mit Schweröl. Das ist ein besonders billiger Treibstoff und er ist fast überall verfügbar. Allerdings entsteht beim Verbrennen des Schweröls besonders viel CO_2-Ausstoß. 2020 wurden Gesetze erlassen, die etwas saubereres Schweröl vorschreiben, was bestimmte Schadstoffe verringert – aber nicht das CO_2.

CONTAINERSCHIFFE

Auf den Weltmeeren sind etwa 45.000 Frachtschiffe unterwegs. Große Frachter können besonders viel Ware transportieren. Sie verbrauchen Treibstoff und stoßen CO_2 aus: Alle Containerschiffe zusammen erzeugen drei Prozent des weltweiten CO_2- Ausstoßes. Trotzdem schneiden sie im Vergleich zum Zug, zu kleineren Binnenschiffen, Lastwagen oder Flugzeugen nicht schlecht ab: Sie verbrauchen am wenigsten CO_2 pro Turnschuh oder pro Gegenstand pro Strecke.

WINDKRAFT NUTZEN

Viele kluge Köpfe tüfteln an Lösungen, damit Schiffe wieder mit weniger oder sogar ohne CO_2-Ausstoß fahren. Es werden Schiffe entworfen, die eine Mischung aus Wind-und Motorkraft nutzen, um ihren CO_2-Ausstoß zu verringern. Wenn viel Wind ist, setzt das Schiff Segel oder Drachen ein und spart Motorkraft – bei wenig Wind muss der Motor laufen. Auf diese Weise können segelnde Frachtschiffe viel CO_2 einsparen. Weiteres CO_2 könnte man einsparen, wenn man klimafreundliche Power-to-X-Treibstoffe verwendet. (siehe Seite 81) Bei diesem Verfahren wird mit erneuerbaren Energien grüner Wasserstoff hergestellt – und der ist klimaneutral.

Unternehmer haben die Wahl: Auf der Plattform Malizia-Seaexplorer können sie Schiffe für ihren Transport auswählen, die pro Container einen möglichst geringen CO_2-Ausstoß haben.

BERUFE FÜRS KLIMA

Es gibt unendlich viele Möglichkeiten, im Beruf etwas fürs Klima zu bewirken. Vielleicht fragst du dich schon jetzt, welchen Beruf du später ergreifen möchtest? Wenn du in der Schule Mathematik oder Biologie spannend findest: Vielleicht bringst du in der Zukunft als Ingenieur*in die erneuerbaren Energien mit klugen Ideen voran? Oder du erforschst als Meeresbiolog*in, was uns in der Tiefsee noch Geheimnisvolles und Schützenswertes begegnet? Wenn du deine Stärken und Interessen nutzt, kannst du in ganz vielen Bereichen dem Klima helfen und einen Beitrag leisten.

Arbeiten im Ausland

In Teilen der Erde, wo die Bevölkerung stark wächst, kann ich Menschen unterstützen, einen höheren Lebensstandard ohne fossile Brennstoffe zu erreichen.

Gerechtigkeit

Als Jurist*in für Umweltgerechtigkeit kann ich mich für Umweltthemen einsetzen und mehr Gerechtigkeit erreichen.

Schreiben und informieren

Als Wissenschaftsjournalist*in kann ich über Erkenntnisse der Forschung, die das Klima betreffen, schreiben. Ich kann andere Menschen informieren und mit ins Boot holen.

Zukunft gestalten

Wie können wir die Nachhaltigkeitsziele umsetzen und wie sollte unsere Welt in Zukunft sein? Als Nachhaltigkeitsforscher*in finde ich Antworten darauf.

Entscheidungen treffen
Überall dort, wo ich viel entscheiden kann, kann ich viel zugunsten des Klimas bewirken, zum Beispiel als Manager*in, als Banker*in, Entwickler*in, Designer*in ... die Liste ist unendlich lang.

Tüfteln und neue Lösungen finden
Als Ingenieur*in mit Umweltschwerpunkt kann ich neue Ideen zur Kreislauf- und Abfallwirtschaft oder Umwelttechnik entwickeln.

Neues entdecken
Als Meeresbiolog*in kann ich die Geheimnisse, die der Ozean noch birgt, lüften. Nur was wir kennen, können wir auch schützen.

Bauen
Wie sehen die Häuser von morgen aus? Welche Baustoffe verwende ich? Als Architekt*in kann ich viel CO_2 einsparen, wenn mit weniger Beton gebaut wird.

In der Natur
Als Forstwirt*in oder Landschaftsarchitekt*in arbeite ich dicht an der Natur. Wie kann die Natur im Gleichgewicht gehalten werden und die Artenvielfalt erhalten bleiben?

Ernährung
Als Köch*in kann ich kreativ sein und Lebensmittel auswählen, deren Anbau und Transport dem Klima nicht schaden. Ich kann Fleisch und Fisch in Maßen für meine Kreationen einsetzen.

GEMEINSAM STARK!

Unser Planet ist zu drei Vierteln vom Ozean bedeckt. Vielleicht sollten wir ihn nicht „Erde", sondern „Ozean" nennen?

Unsere Meere sind alle miteinander verbunden. Und alle Pflanzen, Tiere und wir Menschen ebenso. Alles greift ineinander – wir leben in einem ausgeklügelten System. Jeder zweite Atemzug, den wir machen, besteht aus Sauerstoff, der aus dem Ozean stammt. Um das Klima der Zukunft besser vorhersagen zu können und auch unseren Einfluss als Menschen zu verstehen, ist es wichtig, Ozeandaten zu sammeln.

Wir wissen schon eine ganze Menge über den Ozean.

Er spielt eine entscheidende Rolle bei der zu schnellen Erwärmung unserer Erde: Der Ozean reguliert unser Klima.

Aber der größte Teil des Ozeans ist noch unerforscht. Welche neuen Tierarten oder Pflanzen leben in der Tiefe? Welche Rolle spielen sie für uns Menschen?

Es gibt noch viel zu entdecken und zu verstehen!

Schützen wir unseren Ozean, so schützen wir auch uns selbst. Es gibt Lösungen, es gibt Hoffnung – beginnen wir noch heute!

Euer Boris
mit dem Team Malizia

DANKE

Unser großer Dank geht an alle, die uns mit wissenschaftlicher Beratung bei diesem Buch zur Seite gestanden haben.

Prof. Ralf Brauner (Jade Hochschule, Fachbereich Seefahrt und Logistik), Martin Kramp (WMO/OceanOPS, Technical Coordinator ships, SOT & Go-Ship), Dr. Toste Tanhua (GEOMAR Helmholtz-Zentrum für Ozeanforschung Kiel, Marine Biogeochemistry), Peter Landschützer (PhD, Gruppenleiter, Max-Planck-Institut für Meteorologie), Prof. Dr. habil. Joachim Gröger (GEOMAR Helmholtz-Zentrum für Ozeanforschung Kiel, Marine Evolutionary Ecology, Fishery Biology, Biometrics, UFO Development, Scientific Director), Philipp Schubert (Dipl. Biologe, GEOMAR Helmholtz-Zentrum für Ozeanforschung Kiel)

Vielen Dank für euren unermüdlichen Einsatz und die verständliche und fundierte Beantwortung all unserer Fragen. Danke für alle Anregungen, Hinweise und die langen inspirierenden Gespräche. Wir durften selbst viel lernen und in spannende Themengebiete „abtauchen".

Vielen Dank für deinen Einsatz bei allen rechtlichen Fragen, Tilman Winterling.

WER DAS BUCH GEMACHT HAT

DIE AUTORIN

BIRTE LORENZEN-HERRMANN

DER AUTOR

BORIS HERRMANN

Boris Herrmann, geboren 1981 in Oldenburg, ist der derzeit bekannteste deutsche Segler. Der Profisportler nahm Ende 2020 an der alle vier Jahre stattfindenden Vendée Globe teil, einer Regatta für Einhandsegler, die nonstop um die Erde führt. Im August 2019 erregte er weltweit Aufmerksamkeit, als er Greta Thunberg mit seiner Segelyacht zum UN-Klimagipfel nach New York brachte. Zudem ist er Partner einer Stiftung, die sich für den Schutz und Aufbau von Mangrovenwäldern engagiert.

Birte Lorenzen-Herrmann, gebürtig in Kiel, begeisterte sich schon immer segelnd und surfend für das Meer. Nach einem Mathematik- und Kunststudium arbeitete sie über zehn Jahre als Lehrerin in Hamburg, bevor sie Mitglied des Teams Malizia wurde.

Gemeinsam mit Wissenschaftlern vom Max-Planck-Institut für Meteorologie, Hamburg, sowie dem GEOMAR, Kiel, gründeten Birte und Boris das Programm »My Ocean Challenge«, in dem Segeln, Wissenschaft und Bildung verknüpft werden. Das gleichnamige internationale Schulprogramm richtet sich an 8-14-Jährige und fördert das Bewusstsein für den Ozean und den Klimawandel. Die Bildungsmaterialien gibt es in elf Sprachen. Sie können auf https://www.borisherrmannracing.com/ocean-challenge-kit/ kostenlos heruntergeladen werden. Birte und Boris leben mit ihrer Tochter in Hamburg.

DIE ILLUSTRATORIN LARA PAULUSSEN

Lara Paulussens atmosphärische, verspielte Illustrationen findet man in Magazinen, Kindersachbüchern, Animationen oder Markendesigns. Wenn Lara nicht illustriert, schaut sie gern sie Sonnenuntergänge an, lauscht Livemusik oder geht spazieren, gerne auch in botanischen Gärten. Sie lebt und arbeitet als freischaffende Illustratorin in Düsseldorf.

DIE GRAFIKERIN STEPHANIE RODERER

Stephanie Roderer, geboren in München, studierte in Österreich Neue Medien und Design und gründete bald darauf ihr eigenes Gestaltungsbüro. Sie liebt die Natur und das Wandern, denn auf dem Weg sammelt sie die besten Ideen. Wenn sie also nicht in den Bergen ist, findet man sie meist in ihrem Münchner Gestaltungsstübchen, wo sie den Ideen Glanz und Formen verleiht.

BILDVERZEICHNIS

© Agentur Focus (Jean Gaumy / Magnum Photos): S. 42 (XX Pool_Focus_PAR348166.jpg)
© ARD: S. 33 oben
© Vincent Curuchet: S. 8/9, S. 60/61
© Jen Edney: S. 65
© Joachim Gröger: S. 78/79
© Boris Herrmann: S. 16 oben links, S. 17 oben links, Seite 88
© Imago (Photoshot/Balance): S. 42 Mitte links (imago0050331996s.jpg)
© Imago (Garcia): S. 42 oben rechts (imago0101452870w.jpg)
© Peter Landschützer: S. 28 unten
© Andreas Lindlahr: S. 16 oben rechts, S. 16 unten, S. 17 unten links, S. 17 oben rechts, S. 20/21, S. 27
© Jean-Marie Liot: S. 14/15, S. 62/63
© Mauritius Images / Pacific Press Media Production Corp. / Alamy / Alamy Stock Photos: S. 57 rechts
© picture alliance / abaca | Apaydin Alain: S. 57 links
© Team Malizia: S. 56, S. 28/29 oben links, oben rechts, unten rechts
© 17Ziele.de: S. 64/65 (https://www.17ziele.de/)

IMPRESSUM

Bei diesem Buch wurden die durch das verwendete Material und die Produktion entstandenen CO_2-Emissionen ausgeglichen, indem der cbj Verlag ein Projekt zur Aufforstung in Brasilien unterstützt. Weitere Informationen zu dem Projekt unter: www.ClimatePartner.com/14044-1912-1001

Penguin Random House Verlagsgruppe
FSC® N001967

Druck, Farben und Inhaltspapier haben eine Cradle-2-Cradle-Zertifizierung und entsprechen somit den C2C-Vorgaben.

Sollte diese Publikation Links auf Webseiten Dritter enthalten, so übernehmen wir für deren Inhalte keine Haftung, da wir uns diese nicht zu eigen machen, sondern lediglich auf deren Stand zum Zeitpunkt der Erstveröffentlichung verweisen.

1. Auflage 2022

Umschlaggestaltung: Geviert GbR, Grafik & Typografie
Umschlag- und Innenillustrationen: Lara Paulussen
Layout und Satz: Stephanie Roderer
tp · Herstellung: AJ
Reproduktion: Lorenz+Zeller GmbH, Inning a. A.
Druck: Grafisches Centrum Cuno GmbH & Co. KG, Calbe

ISBN 978-3-570-17993-2
Printed in Germany

www.cbj-verlag.de